A ARTE DE MORRER

Coleção UNIPAZ – COLÉGIO INTERNACIONAL DOS TERAPEUTAS

Coleção Unipaz – CIT

1. Reunião dos textos, pesquisas e testemunhos úteis a uma compreensão superior e vasta do homem e do universo para sua saúde e seu bem-estar.
2. Esta coleção é transdisciplinar e faz apelo a escritores, pesquisadores, médicos, físicos e é inspirada pela antropologia não dualista, pela ética rigorosa e aberta, pela prática da meditação do Colégio Internacional dos Terapeutas, cujas raízes remontam ao 1º século de nossa era, através dos Terapeutas de Alexandria, dos quais Fílon nos traz o Espírito, a visão e os procedimentos, próximos das pesquisas contemporâneas "de ponta".
3. Assim, esta coleção é um local de diálogos, de encontros e de alianças frutuosas entre a tradição e a contemporaneidade.
4. Ela situa-se igualmente na linha de pesquisa da psicologia transpessoal e do paradigma holístico, da qual ela é uma das aplicações concretas no mundo dos Terapeutas e nos "cuidados" que todo homem deve ter em relação ao Ser, em todas as suas dimensões: incriada, cósmica, social, consciente e inconsciente.

Dados Internacionais de Catalogação na Publicação (CIP)
(Câmara Brasileira do Livro, SP, Brasil)

Hennezel, Marie de
    A arte de morrer : tradições religiosas e espiritualidade humanista diante da morte na atualidade / Marie de Hennezel, Jean-Yves Leloup ; 11 ed., tradução de Guilherme João de Freitas Teixeira.. – Petrópolis, RJ : Vozes, 2012.
    Título original: L'art de mourir.
    Bibliografia.

    1ª reimpressão, 2018.

    ISBN 978-85-326-2216-7
    1. Espiritualidade 2. Humanismo 3. Morte – Aspectos psicológicos 4. Morte – Aspectos religiosos I. Leloup, Jean-Yves. II. Título. III. Título: Tradições religiosas e espiritualidade humanista diante da morte na atualidade.

99-2168   CDD-128.5

Índices para catálogo sistemático:
1. Morte : Espiritualidade humanista : Psicologia da vida humana : Antropologia filosófica 128.5

Marie de Hennezel
Jean-Yves Leloup

A ARTE
DE MORRER

Tradições religiosas e
espiritualidade humanista
diante da morte na atualidade

Tradução de Guilherme João de Freitas Teixeira

EDITORA
VOZES

Petrópolis

© Editions Robert Laffont, S.A., Paris, 1997

Título do original em francês: *L'art de mourir – Traditions religieuses et spiritualité humaniste face à la mort aujourd'hui*

Direitos de publicação em língua portuguesa no Brasil:
Editora Vozes Ltda.
Rua Frei Luís, 100
25689-900 Petrópolis, RJ
www.vozes.com.br
Brasil

Todos os direitos reservados. Nenhuma parte desta obra poderá ser reproduzida ou transmitida por qualquer forma e/ou quaisquer meios (eletrônico ou mecânico, incluindo fotocópia e gravação) ou arquivada em qualquer sistema ou banco de dados sem permissão escrita da editora.

CONSELHO EDITORIAL

Diretor
Gilberto Gonçalves Garcia

Editores
Aline dos Santos Carneiro
Edrian Josué Pasini
Marilac Loraine Oleniki
Welder Lancieri Marchini

Conselheiros
Francisco Morás
Ludovico Garmus
Teobaldo Heidemann
Volney J. Berkenbrock

Secretário executivo
João Batista Kreuch

Diagramação: Sheilandre Desenv. Gráfico
Capa: Felipe Souza | Aspectos

ISBN 978-85-326-2216-7 (Brasil)
ISBN 2-221-08220-6 (França)

Editado conforme o novo acordo ortográfico.

Este livro foi composto e impresso pela Editora Vozes Ltda.

Agradecemos a Marie de Solemne pela sua
colaboração na elaboração deste livro.

SUMÁRIO

Prefácio, 9

Introdução, 13

1 Todo homem é espiritual, 23

2 A imagem que temos da morte, herança da nossa cultura, 29

3 Superar o tabu da morte na atualidade
   O desafio de um humanismo espiritual, 39

4 Para além da mentira e da verdade
   O que dizer a quem está morrendo?, 53

5 Medos e sentimento de culpa no cotidiano do acompanhamento, 61

6 O acompanhamento: uma prática compassiva, 71

7 Reencarnação, ressurreição ou reanimação?
   Esperanças e confusões, 83

8 O além da morte
   Mito moderno e tradições religiosas, 95

9 O último tempo do morrer: as seis etapas da agonia
   Análise psicológica à luz das tradições espirituais, 101

10 Ritos e rituais sagrados ou profanos, 117

11 A dormição
   Ritual tradicional e clínica contemporânea, 127

Conclusão, 141

Referências, 143

Prefácio

> *Estranhamente, a morte e o amor caminham juntos... Você não pode amar sem morrer a cada dia para a sua memória. É impossível abraçar alguém sem que a morte esteja presente. Onde está o amor, ali está também a morte.*
>
> Krishnamurti

Na vertigem deste *ponto de mutação*, na crista da onda de transição para o Terceiro Milênio, com tantos impactos e assombros, é imperativo pousar o nosso olhar e a nossa escuta no milagre do Instante. O que nos anima é o Sopro e toda existência é uma aventura fugaz que transcorre entre a primeira inalação e o suspiro final. Cada movimento respiratório é um Sermão da Montanha que nos ensina a nascer, na inspiração; a existir, na pausa; a morrer, na expiração. Para renascer na inspiração seguinte, naturalmente. Lição de cada momento que nos ensina, e passa...

É belo passar, como peregrinos maravilhados, pela ponte da existência. Saber que cada passo é único, cada fadiga jamais se repetirá, cada repouso é sem igual. Saber que "não se toma banho duas vezes no mesmo rio", não se ama duas vezes a mesma mulher, não se sente duas vezes as batidas do mesmo coração. Tudo é passagem, tudo é mutante, tudo é fluxo... exceto o Ser.

Portanto, o tema da morte é soberano. Neste sentido, necessitamos de toda colaboração lúcida para transcender uma cultura ainda vigente, muito estreita e alienada, que fez desta realidade inexorável um tabu, colorindo-a de morbidez, negação e afetação. Altos muros foram erguidos, materiais e psíquicos, separando a cidade dos passantes daquela dos que passaram, esta última sendo apenas visitada, da forma mais breve possível, por ocasião de alguma ocorrência trágica ou na solenidade oficial do Dia dos Mortos. Há uma resistência básica diante do fato óbvio de que estamos passando... E como tudo o que é negado torna-se traiçoeiro inconsciente, o fenômeno natural do morrer acaba tornando-se um sintomático pesadelo a horrorizar existências subtraídas da consciência de transitoriedade e da inspiração da finitude.

Em todas as tradições milenares sapienciais, assim como entre os povos nativos, orientados por seus Pajés e Xamãs, a morte e o processo de morrer são honrados com especial atenção e muitos cuidados, com dimensão também ritualística, por parte de toda a comunidade. Em sua obra xamanística visionária, Carlos Castañeda afirma que a morte encontra-se sempre à nossa esquerda, à distância de um braço, sendo uma autêntica mestra e conselheira impecável, que pode nos socorrer nos momentos críticos da existência.

A reflexão sobre a morte, a outra face do nascimento, deveria fazer parte de nossos programas educacionais, desde o início de uma jornada escolar que se pretenda saudável e consciente. Esta grave lacuna estende-se, absurdamente, até a formação dos profissionais de saúde que, em nossas clínicas e hospitais, encontram-se completamente despreparados, sobretudo para o acompanhamento de pessoas nas fases terminais da existência. Assim como, apesar de Leboyer, geralmente somos muito malrecebidos quando aqui chegamos, em função de um modelo tecnicista, massificante e anti-humanístico que maltrata o processo do nascer, a nossa partida da jornada existencial é, frequentemente, ainda mais torturante e despida de delicadeza, do caráter sagrado e de uma humanidade envolvente. Urge conspirar pela conquista de um clima de respeito, consciência e dignidade, que deveria fazer parte solene destes momentos culminantes e iniciáticos da existência de todo ser humano.

Ouvi, certa vez, uma inspiração do deserto que dizia:

O caminho é o A, B, C.
A, de Atenção. B, de Vida, C, de Calvário.

Morra em cada ação – Atenção.
Em cada passo dance – Vida.
De cada dor renasça – Calvário...

O processo evolutivo inicia pelo despertar que se traduz por plena atenção, uma vigília sóbria que implica o aprender a morrer para o passado e futuro. "Expor-se repetidas vezes à aniquilação é a única maneira de encontrar o indestrutível", afirmava Karlfried Graf Durkheim. Então, *bio*s, a Vida, poderá ser dançada, com leveza e graça. E a flor brotará da dor. Quando formos capazes de testemunhar, com aceitação e confiança, o fluxo perene da existência, o frescor da Vida estará sempre presente na alquimia do morrer e do renascer que caracteriza a existência plena.

Assim, é com grande alegria que apresentamos, para os leitores brasileiros, esta magnífica obra sobre *A arte de morrer*. Fruto de uma bela parceria entre o sacerdote, doutor em psicologia, filosofia e notável mentor do Colégio Internacional dos Terapeutas, *Jean-Yves Leloup*, e a psicóloga, *expert* em tratamentos paliativos, autora de um consagrado livro sobre a *morte íntima, Marie de Hennezel*, este livro reflete uma preciosa sinergia, resultado de aproximadamente uma década de trabalho em conjunto. Leloup e Hennezel dialogam, com clareza, consistência e profundidade, sobre o tema da morte e do morrer, inspirados pelas milenares tradições espirituais, de modo particular o cristianismo e o budismo tibetano, e com o suporte teórico e fenomenológico da clínica contemporânea. Uma lúcida abordagem transdisciplinar, que muito poderá inspirar e dar suporte não apenas aos profissionais de saúde, já que todos os seres humanos são, aqui, convidados a ser acompanhantes e acompanhados neste processo de bem findar. Quando perguntaram a Jorge Luis Borges, se ele tinha medo de morrer, o velho sábio respondeu: "De jeito nenhum. Eu tenho medo é de não morrer!..." Uma jornada existencial plena, rumo à inteireza do Ser, certamente nos conduzirá a brindar o fim, sabendo que não há fim. Só há mutação.

A arte de existir e de morrer será, sempre, *a arte de amar*. Na medida em que aprendermos a amar é que estaremos nos preparando para o mergulho final nesta Pátria do Desconhecido que é a morte. Enfim, nascer, florescer e... como diz Jean-Yves Leloup, "... morrer. Mas não sem antes ter vivido. Mas não sem antes ter amado".

Roberto Crema
do Colégio Internacional dos Terapeutas – Unipaz

INTRODUÇÃO

Será que a expressão "a arte de morrer" tem ainda hoje um sentido em nosso mundo materialista, obcecado pelo progresso tecnológico e aterrorizado pela morte?

No Ocidente, a maior parte de nossos contemporâneos recusam a própria ideia da morte e, por uma forte razão, a ideia de que se possa viver com ela e abordá-la de forma consciente e tranquila no dia de sua chegada. Acordar de manhã lembrando-nos de que todo o mundo é mortal, como se faz em certos mosteiros, parece ser uma prática de uma outra época. Da mesma forma, a sabedoria dos budistas, que aceitam a morte como parte integrante da vida parece algo exótico. O mesmo se pode dizer da sabedoria dos índios da América que transportam a morte sobre o ombro esquerdo, à semelhança de uma ave invisível, cônscios de estarem apenas de passagem nesta terra. No entanto, segundo a opinião de todos, essas "sabedorias" não só ajudam a viver mas atribuem à vida seu peso de sentido e seu valor. O acolhimento reservado por um grande número de pessoas à publicação de *La Mort intime* [de Marie de Hennezel, publicado em 1995] parece dar testemunho da superação do tabu que pesa sobre a morte. Em uma abundante correspondência, os leitores confiaram ao longo das páginas seu sofrimento por terem sido, durante tanto tempo, vítimas do silêncio sobre a morte, por terem evitado acompanhar os momentos finais da vida de uma pessoa amiga, por não terem conseguido ou sabido enfrentar sua própria angústia e, assim, terem perdido a oportunidade de entrar no espaço íntimo dos últimos instantes.

Quanto sentimento de culpa e quantos remorsos manifestados nessas páginas comoventes! Quanta raiva também contra os que roubam a morte, a escondem como se ela fosse vergonhosa, contra as mentiras, os subterfúgios, a falta de humanidade! E como é grande a expectativa de uma outra forma de enfrentar os momentos derradeiros! Por aí pode-se avaliar o quanto a denegação da morte engendra angústias. Sente-se quão urgente se torna falar a seu respeito, encontrar as palavras capazes de cativar essa realidade incontornável, criar espaços e solidariedade para ajudar cada um de nós a enfrentar sua própria morte ou a de uma pessoa amiga.

O movimento que consiste em reintroduzir a morte no nosso campo de consciência e de pensamento, em humanizá-la em nossas instituições, já está em ação há mais de uma dezena de anos. Está sendo incrementado por associações, assim como por alguns profissionais da saúde que decidiram enfrentar a morte, em vez de fugir dela. Vários congressos e livros têm contribuído para dar a conhecer tal movimento ao grande público. Outros tabus estão sendo superados, principalmente o que diz respeito à utilização da morfina, por via oral, no tratamento das dores terminais. A noção de acompanhamento começa a difundir-se. Um número cada vez maior de pessoas estão procurando uma formação específica. Não se trata somente de profissionais, mas de todos aqueles que estão tomando consciência de que acompanhar uma pessoa amiga às portas da morte é uma tarefa que concerne a todo o mundo – antes de tudo, uma questão de solidariedade.

É verdade que, nessa evolução de nossa sociedade diante da morte, os profissionais da saúde encontram-se na linha de frente. É ao hospital que confiamos nossos moribundos. Atualmente, sete em cada dez pessoas morrem nessa instituição que, no entanto, não está preparada para acolher ou acompanhar aqueles que ela já não consegue curar. Mas é aí, em seu próprio seio, que se forjam, hoje, os questionamentos. É aí que se expressa a aflição dos profissionais da saúde diante do sofrimento dos pacientes e das respectivas famílias. É aí que se manifesta sua justa exigência de receberem uma formação específica e serem apoiados nessa tarefa bastante árdua de que agora estão encarregados.

Com efeito, os profissionais da saúde são, antes de tudo, pessoas. Como todo o mundo, sofrem com esse menosprezo pelas questões relativas à morte. Cresceram em uma sociedade na qual já não se fala desse assunto. Como acontece com todos nós, eles sentem a ausência de sentido que é o resultado do afastamento das grandes tradições que nos preparavam para a morte e nos ajudavam a decifrar o sentido de nossas existências. Por imposição da laicidade, a maioria dos lugares públicos a serviço dos seres humanos – entre outros, a escola e o hospital – são espaços onde quase nunca são abordadas as questões essenciais, as questões relativas à morte e ao sentido da vida.

Tal empobrecimento do sentido e da reflexão sobre o sagrado tem atingido, aos poucos, as famílias que outrora estavam muito ligadas às tradições. Através do convívio com os familiares que vêm acompanhar um parente moribundo, pudemos avaliar como, nos últimos anos, as questões espirituais têm sido pouco debatidas no seio das famílias. Uma pesquisa com os profissionais da saúde revelou a mesma carência. Parece ser cada vez menor o número de famílias onde, hoje em dia, é possível falar aberta e livremente sobre tais questões. E, mesmo que alguém tenha sido criado no seio de uma delas, esses assuntos eminentemente privados, íntimos, não podem ser debatidos no local de trabalho porque aí domina a lei do silêncio.

A maior parte das instituições são lugares onde se exerce uma competência técnica, um *savoir-faire* cada vez mais exigente e performático, mas onde, em geral, não podem ser abordadas as questões próprias ao sentido, as questões que dizem respeito à vida íntima dos profissionais da saúde e de seus doentes. Daí, o sentimento tão disseminado entre os doentes de estarem reduzidos a um "corpo objeto", entregues nas mãos da medicina, e não serem reconhecidos como "pessoas", com uma memória, uma história, sentimentos, medos e um pensamento que se interroga.

O movimento dos tratamentos paliativos teve o mérito de lembrar que o doente é uma pessoa e o moribundo um vivente. Seu sofrimento é global, isto é, integra aspectos físicos, psicoafetivos e espirituais[1].

As equipes de tratamentos paliativos tentam levar em consideração o conjunto desses dados. Trata-se de aliviar os sofrimentos de uma pessoa que está chegando ao fim da vida, estar à escuta de suas necessidades, respeitar o tempo que lhe resta para viver, sem encurtá-lo ou prolongá-lo. Foi adotado o conceito de "qualidade de vida" para dar resposta à demanda de sentido formulada pelos profissionais da saúde: o que fazer quando já não há nada a fazer? Aliviar a dor, fornecer tratamentos de apoio, facilitar a visita da família, amparar os familiares em sua tarefa de acompanhamento. Nesses pontos, os tratamentos paliativos contribuíram muito para a evolução das atitudes diante da morte.

Mas subsiste uma dimensão desse sofrimento global que não é levada suficientemente em consideração, nem acompanhada pelos profissionais da saúde e, muitas vezes, tampouco pelos familiares. Trata-se do sofrimento espiritual, esse sofrimento íntimo oriundo da ausência de sentido.

Embora se esteja cada vez mais consciente da importância dessa dimensão espiritual nos tratamentos e no acompanhamento dos que estão morrendo, deve-se reconhecer que ainda são raros os lugares onde o acompanhamento espiritual faz parte do tratamento global da pessoa. Como se o sofrimento espiritual não tivesse estatuto, nem legitimidade no nosso mundo!

É exatamente a ausência de sentido que caracteriza nosso mundo moderno diante da morte. Laico, secularizado, apoiando-se em uma ética inspirada pela Declaração dos Direitos do Homem, ele desligou-se da sabedoria das grandes tradições.

---

1. Cf. a circular ministerial (Ministério da saúde francês) de 26 de agosto de 1986: "Os tratamentos de acompanhamento compreendem um conjunto de técnicas de prevenção e de luta contra a dor, apoio psicológico do doente e de sua família, assim como levar em consideração seus problemas individuais, sociais e espirituais".

Recusando os dogmas e os argumentos de autoridade[2] a moral contemporânea privou-se, igualmente, de uma reflexão e de uma meditação sobre a questão do sentido e do sagrado. Aos poucos, têm sido abandonadas as questões essenciais, as que são suscitadas em cada um diante da morte.

Mas será que se pode dispensá-las? Que se acabou com todas as formas de espiritualidade e transcendência? Não conviria aprofundar esta contradição aparente: aceitar não compreender o porquê da morte, mas viver plenamente "o mistério de existir e de morrer"?[3]

O mundo que nos rodeia não nos ensina a morrer. Tudo é feito para esconder a morte, para incitar-nos a viver sem pensar nela, em termos de um projeto, como se estivéssemos voltados para objetivos a serem alcançados e apoiados em valores de efetividade. Tampouco nos ensina a viver. No máximo a ter êxito na vida, o que não é a mesma coisa. Trata-se de "fazer", de "ter" cada vez mais, em uma corrida desenfreada em busca de uma felicidade material a respeito da qual acabamos por perceber, mais cedo ou mais tarde, não ser suficiente para conferir um sentido às nossas existências. É assim que às vezes ouvimos da boca de agonizantes revoltados, amargurados, o derradeiro lamento de terem passado ao lado do essencial. Não é necessário ser particularmente religioso para sentir que não estamos nesta terra para passar nossa vida a produzir e consumir.

Em uma de suas conferências sobre a experiência da morte, o Padre Maurice Zundel[4] formulava a questão nestes termos: *O que fazemos da nossa vida? Estamos à procura de nós mesmos, fugimos de nós, reencontramo-nos de forma intermitente e nunca chegamos a fechar o círculo, a definir-nos a nós próprios, a saber quem somos... Não temos tempo, a vida passa tão depressa, estamos absorvidos pelas preocupações ma-*

---

2. Cf. o livro de FERRY, Luc. *L'Homme-Dieu ou le sens de la vie.* [s.l.]: Grasset, 1996.
3. Expressão utilizada por François Mitterrand no prefácio que escreveu para o livro *La Mort intime.*
4. Cf., em particular, de ZUNDEL, Maurice. *À l'écoute du silence.* [s.l.]: Téqui, 1979.

teriais ou por diversões... e, finalmente, a morte chega e é em sua presença que tomamos consciência de que a vida poderia ter sido algo de imenso, de prodigioso, de criador. Mas já é tarde demais... e a vida só adquire todo o seu relevo no imenso desgosto de uma coisa inacabada. É, então, que a morte, justamente porque a vida ficou inacabada, aparece como um sorvedouro.

Onde é que, atualmente, a questão do sentido poderá expressar-se? Onde poderá encontrar a resposta?

Todo homem confrontado com a iminência da morte pode ser levado a formular-se questões de ordem espiritual (Qual é o sentido da minha vida? Haverá uma transcendência? Qual é o devir do meu ser?). Quão grande é a solidão quando não é possível expressar tais questões, compartilhá-las com outros! Estaremos prontos para escutá-las? O que dizer, como proceder perante o absurdo do luto, o desgosto, o desespero? O que responder àqueles que perguntam por quê? Àquele que – entrevado, dependente, com o corpo deteriorado – pergunta a si mesmo que sentido poderá ter a prolongação da vida?

Diante desse sofrimento confessamo-nos, muitas vezes, desarmados. Em geral, julgamos que isso supera os limites de nossa competência. Reportamo-nos, então, aos representantes dos cultos religiosos, ao capelão do hospital, sem perguntarmos a nós próprios se não estaremos mantendo a confusão que existe entre espiritualidade e religião.

Com frequência, esses dois termos são utilizados, de forma equivocada, como sinônimos. Aderir a uma crença religiosa pode ser uma forma de viver a sua espiritualidade. Mas também é possível viver a espiritualidade sem ter religião. Portanto, convém distinguir as duas noções. A *espiritualidade* faz parte de todo ser que se questiona diante do simples fato de sua existência. Diz respeito à sua relação com os valores que o transcendem, seja qual for o nome que lhes atribua. As *religiões* representam as respostas que a humanidade tem procurado dar a tais questões, por meio de um conjunto de práticas e crenças.

Apesar de algumas pessoas às portas da morte encontrarem um grande apoio em sua fé religiosa e serem ajudadas pelas orações e pelos sacramentos, muitas não têm religião ou vivem uma relação difícil, plena de cólera ou de sentimento de culpa, com a religião de infância. Todavia, essas pessoas têm uma espiritualidade e compete a nós descobri-la, ajudá-las a expressá-la, compete a nós ter a ousadia de perguntar-lhes o que pode alimentar seu espírito e trazer-lhes paz. Aliás, a pessoa que enfrenta a iminência da morte não está à procura de respostas, mas de uma proximidade humana que a ajude a abrir-se ao que a transcende, ao mistério de sua existência, ao amor que liga os seres humanos entre si. A "necessidade espiritual" de qualquer ser humano não consistirá em sentir-se até o fim capaz de amar e ser amado? Em sentir no âmago de si mesmo o sentido a que aspira?

Talvez não tenhamos explorado suficientemente o formidável potencial espiritual de nosso humanismo. Talvez não tenhamos suficiente confiança nas nossas capacidades de solidariedade, atenção, presença, consideração pelo outro. Será que sabemos até que ponto essas nossas capacidades podem reanimar em seu coração o sentimento de seu valor e de sua dignidade?

Assim, acolher, acompanhar a dimensão espiritual do sofrimento de uma pessoa que está morrendo não é uma tarefa "opcional" ou facultativa, como foi lembrado por Cecily Saunders, a pioneira dos tratamentos paliativos na Grã-Bretanha. É uma tarefa fundamental que todas as pessoas podem e devem assumir pela simples razão de que é uma tarefa humana. A partir do que foi exposto até agora, não se trata de pregar uma doutrina ou de referir-se a um dogma qualquer, mas de amor e comprometimento. De ir ao encontro do outro, tão profundamente quanto possível, de penetrar no âmago de seus valores e de suas preocupações, a fim de permitir-lhe encontrar sua própria resposta íntima.

O presente livro é uma reflexão a duas vozes, oferecido àqueles que pretendem aprofundar, ir mais longe em seu próprio pensamento, face às questões de ordem espiritual suscitadas pela morte. Uma das vozes é da psicóloga que interroga a experiência cotidiana dos tratamentos prestados àqueles que estão às portas da morte; a outra é do padre ortodoxo, doutorado em psicologia e filosofia, que interroga os grandes textos espirituais da humanidade e, movido por um espírito de abertura, tenta estabelecer uma ponte entre eles e a modernidade.

Há vários anos temos sido os animadores de um seminário, que dura uma semana, intitulado "*Ars moriendi*: a abordagem da morte nas tradições e na clínica contemporânea". Na companhia de umas quarenta pessoas, temos refletido na maneira de morrer hoje. Como será possível preparar a própria morte, vivê-la como sujeito em um mundo que a nega? Interrogamos a abordagem da morte nas grandes tradições que marcaram nosso mundo ocidental, a tradição judeu-cristã e, em particular, a Idade Média, assim como, há pouco tempo, as tradições orientais (o budismo e o hinduísmo) que têm chamado a atenção de um número cada vez maior de ocidentais. Tentamos ver o modo como a contribuição de sabedoria dessas tradições pode ser integrada no nosso mundo moderno, laico, desespiritualizado.

Neste livro, propomos uma reflexão sobre os pressupostos antropológicos do acompanhamento, isto é, sobre a visão do homem que subtende o valor que ele atribui ou não a esse momento da vida que é a morte. Conhecer as grandes concepções filosóficas, religiosas e míticas permite sentir melhor dentro de si o impacto e a ressonância dessas visões tradicionais. De qual concepção da morte e do morrer sentimo-nos próximos por nossa cultura? Quais são as que nos deixam indiferentes ou não suportamos? Nossa própria maneira de acompanhar uma pessoa amiga, quando está chegando a hora, será condicionada, quer o saibamos ou não, por tal concepção. É bom ter consciência disso, do mesmo modo que é bom aceitar que aquele que acompanhamos não tem necessariamente a mesma forma de ver as coisas. O conhecimento de si abre, assim, para a tolerância. Isso parece-nos ser uma condição para qualquer procedimento de acompanhamento. De fato, como podemos pretender escutar o sofrimento espiritual de um moribundo se não começamos por escutar o nosso? Como é que uma equipe hospitalar pode assumir essa dimensão espiritual do acompanhamento se não está em condições de refletir em sua própria concepção da morte?

Mas, previamente, importa superar um tabu tão pesado quanto o da morte: o tabu da espiritualidade.

Em uma sociedade laica como a nossa, o espiritual não é reconhecido. Ainda pior: é suspeito por ser confundido com o religioso.

A denegação da morte e a onipotência da técnica contribuíram amplamente para essa secura espiritual. No hospital, antes de tudo, cuida-se dos corpos doentes. Qual atenção é prestada à vida subjetiva dos pacientes? À sua afetividade? À sua interioridade? Tentar-se-á calar a angústia e o sofrimento psíquico com a ajuda de tranquilizantes e antidepressivos, sem mesmo se interrogar se tal sofrimento não é sinal de uma separação profunda em relação com as raízes e as origens de cada um. Mas o questionamento espiritual está presente, no mais profundo de todos os seres humanos, pronto a emergir por ocasião das crises e dos lutos.

Os profissionais da saúde com quem nos últimos anos temos estado em contato manifestaram o quanto estão preocupados com essas questões. Falaram de sua confusão e solidão, da falta de referenciais para situar suas próprias interrogações, para formulá-las e encontrar, senão suas próprias respostas, pelo menos sua maneira de viver com tais questões. Da dificuldade de falar do assunto com os colegas, do medo de não serem compreendidos, de serem julgados ou, até mesmo, às vezes, ridicularizados. Tudo isso impede que abordem, em equipe, no quadro institucional, as questões demasiado íntimas.

Assim, o mundo institucional não ajuda os profissionais da saúde a expressar essa dimensão que, no entanto, é fortemente solicitada pela sensibilidade de cada um. Os que têm a ousadia de abordar tais questões são, muitas vezes, criticados. O famoso grupo de palavra, instalado em certos espaços hospitalares para dar apoio aos profissionais da saúde, que deveria ser o espaço de uma expressão livre dos sentimentos de cada um, quase nunca vê emergir tal profundidade de preocupações. Os profissionais da saúde têm a impressão de que aí não é o espaço adequado para falar dessas questões. Mas, então, onde falar delas? Com quem? Remeter os profissionais da saúde para os padres ou para as igrejas é, uma vez mais, ignorar que a espiritualidade existe para além de qualquer religião, que ela constitui, antes de tudo, a própria essência do homem.

O testemunho dos profissionais da saúde é válido para cada um de nós. Como a sua profissão os coloca em contato permanente com os mais profundos sofrimentos humanos, talvez por esse motivo eles encontram-se no âmago da crise espiritual de nosso século. Além disso, por seus questionamentos, também contribuem para nossa evolução.

Nossa intenção é interrogar as tradições a partir de nossa proximidade com o sofrimento e a morte. Com efeito, nossos valores já não estão enraizados nos dogmas e crenças, mas na experiência e, em particular, na experiência da solidariedade, da presença, da atenção ao outro, na descoberta do enriquecimento recíproco de qualquer encontro. É aí que encontra origem o sentido de nossas existências e de nossos atos.

1
TODO HOMEM É ESPIRITUAL

— Qual é o sentido profundo do termo "espiritualidade" que atualmente é tão utilizado, muitas vezes confundindo-o ou opondo-o à palavra "religião" e que chega mesmo a levantar suspeitas quando não está ligado a um contexto religioso?

Jean-Yves Leloup — A palavra "religião" tem duas etimologias possíveis: em primeiro lugar, a de *religare* que significa ligar-se, entrar em relação com o que se considera como um absoluto ou um essencial. Essa etimologia é o sentido habitual da palavra "religião" que, posteriormente, encarnar-se-á num certo número de ritos, práticas, em que essa relação toma forma. Existe, igualmente, outra etimologia: *religere*, que significa "reler". Reler um acontecimento com o objetivo de extrair, descobrir sua significação. Nessa ordem de ideias, uma religião representa um esforço empreendido por homens e mulheres para conferirem sentido ao seu sofrimento, à sua morte e à sua existência.

Quanto à "espiritualidade", ela é independente da experiência religiosa. Faz parte de todos os homens. Constitui a própria essência do ser humano. Não é verdade que São João nos diz: "O Logos é a luz que ilumina todo homem que vem a este mundo"? Todos os homens que procuram a verdade do seu ser encontram essa luz.

— Será que, segundo as culturas e as civilizações em que nos situamos, a palavra "espiritualidade" tem acepções diferentes?

J.-Y.L. — Na tradição grega, "ser espiritual" significa estar desembaraçado dos elementos mais pesados do composto humano. O "espiritual" é essa dimensão do ser humano a que se dá o nome de "noética", isto é, livre em relação às emoções, pulsões, paixões.

A tradição semítica introduz o termo *Pneuma*, o Sopro. São Paulo, por exemplo, estabelece a diferença entre "psíquico" e "pneumático". Todos os homens são habitados pelo Sopro e atravessados pela corrente de uma vida interior. Mas é possível viver ao lado de seu Sopro, do mesmo modo que se pode viver ao lado de si mesmo. É espiritual aquele que entra em seu Sopro, aquele que deixa a Vida encarnar-se plenamente nele. É a razão pela qual, nessa interpretação do espiritual como "Sopro", o acompanhamento consiste em permitir a alguém ser plenamente ele próprio. Ser espiritual é ser "inspirado" ou, mais simplesmente, "respirado" profundamente.

– *O que, de fato, não implica ter uma religião...*

J.-Y.L. – A espiritualidade é "dar um passo a mais". Dar "um passo a mais" na aceitação da minha fadiga, na aceitação de meus limites, limites de minha inteligência, de minha incompreensão diante do sofrimento. É a tradição dos peregrinos de Santiago de Compostela: *ultreia*, "mais além", dar um passo a mais, fazendo parte ou não de uma religião.

Ser espiritual é simplesmente, na situação onde se está, dar esse "passo a mais". Acompanhar é, então, ajudar o outro a fazer a mesma coisa, no âmago de seu sofrimento, no próprio âmago daquilo que ele é. Às vezes, podemos ter a impressão de que algumas pessoas estão muito avançadas na espiritualidade quando, na realidade, não chegaram a dar um único passo! Limitam-se a repetir atitudes, rezas ou comportamentos aprendidos. Em compensação, acontece que determinadas pessoas que não receberam qualquer cultura religiosa são capazes, diante de certos sofrimentos, na proximidade da morte, de dar esse "passo a mais". Um acompanhante espiritual é, portanto, alguém que pode acompanhar essa retomada "de marcha" e favorecer essa abertura, evitando que o outro fique confinado em seus sintomas e se identifique com eles.

– *Será que, na experiência cotidiana de acompanhamento dos moribundos, acontece encontrar, com frequência, pessoas que manifestam uma demanda de ordem espiritual, embora não tenham qualquer religião?*

Marie de Hennezel – A "demanda espiritual" é raramente formulada como tal, mas está quase sempre presente, uma vez que se trata da demanda de ser reconhecido como pessoa, com todo o seu mistério e a sua profundidade. E essa demanda não se dirige a "especialistas da espiritualidade", mas a todos os seres humanos: "Você que me trata ou me acompanha, que olhar lança sobre mim? Será que estou reduzido a este corpo deteriorado, em vias de desaparecer? Qual valor ou sentido você atribui ao tempo que me resta viver?"

O ser humano que pressente a proximidade de sua morte fica animado de um desejo de ir ao extremo de si próprio, um desejo de plena realização. Procura aproximar-se de sua verdade mais profunda, deseja seu Ser. Neste caso, trata-se, realmente, de um desejo espiritual. E, se existe uma demanda em quem está morrendo, é uma demanda de reconhecimento desse desejo, dessa dimensão, pelos outros. Não ser considerado como um corpo doente, mas como uma pessoa com sua história, seu eixo interior íntimo e, sobretudo, seu mistério.

Portanto, se os que acompanham um moribundo se dirigem a ele com estima, se o respeitam em todo o invisível de uma pessoa, ou seja, sua intimidade, seu segredo, seu mistério, se têm confiança, contra todas as aparências, na força interior que está em ação dentro dele, pode-se dizer que, nesse acompanhamento, integram a dimensão espiritual.

No fundo, acolher a dimensão espiritual do outro seria ter confiança no seu devir. Até mesmo, no âmago desse combate que é a agonia. Ter a certeza de que, através desse combate, está sendo feito um trabalho interior, uma espécie de parto que conduz ao nascimento para outra coisa, obra do espírito no próprio âmago dessa pessoa. Nesse sentido, o acompanhamento espiritual consistiria em estar simplesmente presente, estar à escuta e ter confiança no que vai brotar.

Isso resume-se assim: presença, escuta, confiança.

– Não será isso o que se chama, com uma frequência cada vez maior, "espiritualidade laica"?

J.-Y.L. – Sim, é exato, mas não haverá uma confusão de linguagem? Quando se fala de "espiritualidade laica" não será uma forma de tornar a laicidade uma religião? Essa expressão é utilizada por alguns filósofos contemporâneos que não limitam sua abordagem do ser humano ao que veem, nem justamente ao que morre, ao que sofre. Eles reconhecem que, no homem, existe algo que lhe permite sofrer de uma forma diferente, amar de uma forma diferente e, talvez, morrer de uma forma diferente.

Como afirma Marie de Hennezel, uma atitude espiritual é uma atitude de confiança na profundidade do homem, o que no homem supera o homem; o que no homem permanece aberto a um além do homem.

– Para evitar o óbice da expressão "espiritualidade laica", que outras palavras poderiam ser utilizadas?

M. de H. – Utilizo a expressão "humanismo espiritual" porque existe uma tradição humanista que, justamente, pode estar aberta a esse além do homem, ao que supera o homem. Mas é importante esclarecer que no encontro com o doente não "falamos" de espiritualidade. Procuramos vivê-la, irradiá-la pela nossa maneira de ser.

J.-Y.L. – Eu nem sequer falaria de humanismo espiritual, mas antes de um "humanismo aberto". Aberto a todas as dimensões do ser humano, até mesmo àquelas que ele ignora. Quando escutamos o sofrimento do outro, para além de sua demanda, escutamos também seu desejo, e para além de seu desejo escutamos, de fato, o ser que nele deseja..., isto é, o Sujeito.

Pode-se falar de humanismo aberto, em particular, para lembrar que em certos contextos nosso humanismo é fechado, às vezes, até mesmo confinado, isto é, fixado em uma concepção do homem que não leva em consideração o que a pessoa ignora de si mesma e que lhe será revelado pelo sofrimento e pela morte porque é o desconhecido de nós mesmos que a morte há de revelar-nos!

Falar de acompanhamento espiritual não é pedir a alguém para manter esta ou aquela atitude religiosa, tampouco ter uma experiência transcendental, mas sim acompanhar a pessoa com o respeito e a confiança que lhe permitirão compreender que não está reduzida ao seu corpo de sofrimento, que existe "Espaço" nela e que é "aí" que vamos ao seu encontro.

Tal é o nosso pressuposto: o que é visto do homem, o que dele se conhece, o que é pesado, medido, diagnosticado... não é tudo.

Nosso humanismo é um humanismo que tem uma "falha", isto é, que aceita não saber tudo a respeito do homem. Junto de alguém, o que permanece importante não é o que dele sabemos (sua doença, etc.), mas antes o que ainda não é conhecido. Ele é o que "transborda" nosso saber e nossa percepção. Em sua alteridade e seu Rosto, o Outro é o Real que resiste à nossa vontade sensível e intelectual de apropriação. É o que resiste ao meu "pulso", à minha "influência" ou, em termos menos filosóficos, o que escapa ao meu "domínio"[5].

---

5. Cf. a esse propósito, as obras do filósofo E. Lévinas.

2
A IMAGEM QUE TEMOS DA MORTE, HERANÇA DA NOSSA CULTURA

— *Nossa atitude diante da morte é condicionada por um pressuposto antropológico, na maioria das vezes, inconsciente. Como poderíamos defini-lo?*

Jean-Yves Leloup — Ter um pressuposto antropológico é possuir uma imagem do homem herdada de uma cultura, de uma civilização ou de uma religião e acreditar que o homem corresponde a tal representação. Aliás, será de acordo com essa representação que alguém será julgado bom ou malsão e que poderá ser afirmado se o que faz está bem ou mal. É ainda a partir dessa imagem que será dada uma certa educação às crianças.

Portanto, o pressuposto é uma atitude interior que, antes de qualquer análise ou de qualquer reflexão, orienta nossa prática, nossa maneira de amar, de acompanhar. Seja no amor, na morte ou no sofrimento, todos nós temos uma certa "imagem" do homem, adquirida, integrada, mas quase sempre não analisada. Desde então, segundo a cultura em que nos situamos, o sofrimento poderá ser considerado de forma muito diferente, o mesmo acontecendo em relação à morte, à sua abordagem e sua celebração. Um exemplo: a frase que afirma "enquanto há vida, há esperança" só tem sentido em um contexto ocidental. Em outro contexto (por exemplo, no budismo), poder-se-á dizer "enquanto há vida, há ilusão". Aliás, ambas são verdadeiras. Conforme o contexto em que estivermos inscritos, a questão da obstinação terapêutica será percebida de maneira muito diferente.

Assim, nossa forma de acompanhar um moribundo, de cuidar dele, é influenciada por nossa representação do ser humano, por nossa concepção da vida e da morte.

– *Quais são as diferentes visões do homem que podemos encontrar nos dias de hoje?*

J.-Y.L. – São inumeráveis, mas podemos distinguir quatro, mais ou menos comuns, no mundo contemporâneo.

Uma primeira visão seria a do "homem unidimensional": o homem é apenas um corpo, uma matéria. Seu pensamento não é senão o produto mais ou menos bem-sucedido de seu cérebro, máquina extremamente complexa, mas totalmente redutível aos elementos que a compõem. O homem nada mais é do que isso, um composto que, em breve, será decomposto. Segundo essa visão, é claro, não existe alma! A psique não passa de uma ilusão compensadora diante da certeza de nossa mortalidade! Também não existe espírito (*nous*, em grego). A inteligência é apenas um jogo incerto e aleatório de nossas sinapses! Evidentemente, não há Espírito (ou Espírito Santo).

Essa representação do homem, corrente para alguns contemporâneos, faz parte também de tradições antigas, como a dos "atomistas" ou dos "materialistas" da Antiguidade...

Uma outra visão do homem é "bidimensional". O ponto de partida é a observação do corpo como animado. Tal animação, que recebe o nome de "alma", "psique", "informação", é o que dá vida e forma às nossas células e átomos. Se for retirada essa "animação" ou "informação", o que resta não é um corpo propriamente falando, mas um "cadáver". Fala-se, então, de "corpo inanimado". Alguns defendem que essa "informação" ou "alma" pode ter uma vida independente do corpo que ela anima. Justificam sua posição com um certo número de experiências contemporâneas. Estou pensando nos NED [near death experience], nas experiências de morte iminente, que nos dão testemunho de uma existência da alma "fora do corpo", capaz de relatar certas observações⁶, precisamente no momento em que os serviços hospitalares acabam de reconhecer o corpo como morto clinicamente, a partir de um encefalograma isoelétrico etc.

Muitas vezes, tais experiências são relacionadas com antropologias antigas que estabelecem uma distinção nítida entre alma e corpo (Platão, Descartes). Nessa visão do homem, a alma imortal é a parte nobre da pessoa, enquanto o corpo mortal é desprezado. Este é visto como o túmulo da alma quando, afinal, é seu templo, o lugar de sua manifestação e de sua encarnação.

Existe uma terceira visão, a do homem "tridimensional". Ele é composto por alma, corpo (soma-psique), e também por mente (*nous*, em grego; *mens*, em latim). A mente é a "fina ponta da alma", a capacidade silenciosa e contemplativa experimentada por um certo número de nossos contemporâneos que praticam a meditação, e que é comum nas grandes tradições. A tendência será, de novo, privilegiar essa dimensão contemplativa do homem em detrimento de sua dimensão afetiva (psíquica) ou corporal (somática).

Chega-se ao ponto de considerar a experiência luminosa do *nous* – isto é, a experiência de uma mente esvaziada de qualquer conceito e de qualquer representação – como a divindade! Mas o espelho que reflete o sol não é o sol! No entanto, de certa maneira, ele também pode tornar-se, graças ao seu brilho, fonte derivada de luz. No homem, a mente é esse espaço, essa liberdade que acolhe a luz do Espírito (o *Pneuma*). A confusão, em francês, deve-se ao fato de que só existe uma palavra para designar o espírito (do homem) e o Espírito (de Deus).

Finalmente, é possível uma quarta visão do homem que não nega nenhum dos elementos das antropologias que acabo de citar – corpo,

---

6. E, às vezes, até mesmo determinados detalhes. Estou pensando no caso relatado por Elizabeth Kübler-Ross*: um cego descreve a sala de cirurgia onde foi declarado clinicamente morto.
* Formada em medicina e com especialização em psiquiatria, E. Kübler-Ross notabilizou-se pelo seu trabalho com doentes terminais, opondo-se à desumanização dos CTI's e da instituição médica [N.T.].

alma e mente –, mas liga-os entre si. Trata-se do *Pneuma*, do Sopro, que habita, inspira, ilumina o composto humano. Nessa perspectiva, tornar-se "espiritual" (ou "pneumático" como afirmava São Paulo), não é, certamente, negar o corpo, mas dar-lhe acesso à transparência e à transfiguração. Algumas pessoas idosas, cujo corpo está descarnado, manifestam, às vezes, essa qualidade de transparência que é possível encontrar também no rosto de pessoas que acabaram de morrer: como se tivessem sido lavadas, desenrugadas, desfranzidas pelo Sopro. Nessa perspectiva, já não se trata de negar nossas dimensões afetivas ou intelectuais, mas de abri-las e descondicioná-las, de cessar de identificá-las com nossos limites que, evidentemente, são demasiado sensíveis. Essa última antropologia que poderia ser qualificada de "quaternal" respeita o homem em sua inteireza: corpo, alma, mente. Respeita-o e acompanha-o também em seu "mistério", na presença do Sopro silencioso que confere ao Homem a sua coerência.

Ao lado das necessidades corporais, das demandas afetivas, das *questes* de sentido, os terapeutas de Alexandria[7] levavam em consideração a dimensão ontológica do homem. A esse propósito, falavam de "cuidar do Ser"[8], o que pode parecer paradoxal. Mas não será a partir do que é reconhecido vivo e com saúde no homem que uma pessoa doente pode reencontrar algo de sua integridade e de sua dignidade? O seu "ser essencial" no momento em que seu "ser existencial" está arruinado?

– *Quais atitudes diante da morte foram inspiradas por essas diferentes visões do homem?*

J.-Y.L. – Antes de tudo, existe uma atitude que nos é familiar, neste final de século materialista. Ela está enraizada em uma tradição humanista ateia que remonta à Antiguidade (Epicuro, Demócrito, Lu-

---

7. LELOUP, Jean-Yves. *Cuidar do Ser* – Fílon e os Terapeutas de Alexandria. Petrópolis: Vozes, 1996 [N.T.].

8. Cf. na Coleção Unipaz – Colégio Internacional dos Terapeutas: LELOUP, Jean-Yves & BOFF, Leonardo. *Terapeutas do deserto* – De Fílon de Alexandria e Francisco de Assis a Graf Dürckheim. Petrópolis: Vozes, 1997 [N.T.].

crécio) e foi retomada pelos filósofos das Luzes. Nesse contexto, a morte é o fim da vida. É a interrupção de um funcionamento biopsíquico ou neurofisiológico. Não há nada além dessa inter-relação aleatória de nossos átomos, o jogo "sem regras" de nossas sinapses. Que se faça a escolha de não pensar nela, como Voltaire, ou, pelo contrário, se decida encará-la de frente, como Heidegger, a morte continua sendo um escândalo. É absurda, insensata. Trata-se de uma atitude que, atualmente, é predominante no Ocidente. Está na origem, ao mesmo tempo, das atitudes de denegação, fuga, obstinação terapêutica injustificada, assim como dos comportamentos em favor do suicídio assistido.

Diante desse humanismo ateu, a atitude espiritual dominante no Ocidente é, evidentemente, a que se inspira nas tradições monoteístas. Nestas, a vida, o sofrimento, a doença, a morte são lugares de passagem, tempos de provações que podemos "interpretar", isto é, aos quais, com toda a liberdade, podemos conferir sentido. Na tradição judeu-cristã, a morte é considerada como uma passagem. É, aliás, a significação da palavra "páscoa"[9].

Portanto, a morte é uma passagem para um estado de consciência diferente. A palavra *anastasis* (*ana* quer dizer "no alto" e *stasis*, "colocar-se"), que foi traduzida por *ressurreição*, significa colocar-se no alto, na profundidade; o colocar-se nessa dimensão recebe de São João o nome de "vida eterna", isto é, o lugar íntimo não condicionado pelo espaço-tempo.

Essa passagem deve ser acompanhada de infinito respeito e confiança pelo "outro". Confiança na certeza de que, apesar da dor e do sofrimento – às vezes, intoleráveis –, ele é capaz de efetuar uma "passagem" através e não ao lado dessa dor e sofrimento. No cristianismo, o que me fascinou foi o fato de o sofrimento nunca ser rejeitado, isto é, nunca ser considerado como uma ilusão. É uma realidade acolhida com o coração, embora nos faça sofrer. Então, devemos aceitar –

---

9. A palavra "páscoa" vem do hebraico *pessah* que significa passagem, salto para além. Cf. a "passagem" do Mar Vermelho.

mesmo se a palavra provoque medo – que podemos ser "contaminados" pelo sofrimento do outro. Na compaixão, efetivamente, tomamos algo desse sofrimento, mas sem sermos submersos nessa dor que não é nossa[10].

Essa compaixão só será possível se aquele que acompanha estiver centrado no lugar de si mesmo a que alguns dão o nome de "cristo interior".

Finalmente, mais longe de nós, embora cada vez mais na moda, existe a atitude comum às tradições budistas, mas que pode ser encontrada também na tradição hebraica (o Qohelet). Nesse contexto, o sofrimento e a morte são mais ou menos considerados ilusórios. Fazem parte da condição de um ser relativo que, em geral, é chamado o "eu" ou o "ego". Esse eu, ou ego, é apenas um acervo de impressões, de memórias que não têm existência própria.

A morte não é o fim da vida, mas o fim de uma ilusão, uma libertação, a libertação do sofrimento, do encadeamento de causas e efeitos. É a razão pela qual a morte é um momento abençoado, o momento mais sagrado da existência porque é, finalmente, a ocasião de entrar em um espaço ilimitado. É o momento em que a Realidade é, por fim, revelada.

Nesse contexto, não se trata de fugir do sofrimento; importa encará-lo de frente, não para comprazer-se nele, mas para passar através dele, ir além dele. Essa atitude apoia-se nas quatro nobres verdades pronunciadas por Buda, durante o Sermão de Benares. A primeira, *Dukka*, lembra-nos que tudo é impermanência. Tudo o que é composto deve ser decomposto. A sabedoria não está em lamentar-se dessa impermanência, mas em aceitá-la. A segunda, *Tanha*, mostra qual é a causa de nossos sofrimentos: o apego. Buda convida-nos a desapegar-nos, de alguma forma, a viver com nossas feridas narcísicas. Na terceira, *Nirvana*, diz-nos que, no âmago do criado, existe uma reali-

---

10. "De mil maneiras somos pressionados, mas não desanimamos. Vivemos perplexos, mas não desesperamos", 2Cor 4,8.

dade não criada, a *clara luz* que todos os homens verão no momento da morte. A quarta nobre verdade, o *Caminho óctuplo da santidade*, convida-nos a ajustar-nos ao que é.

– *Quais serão as consequências práticas de tal atitude no acompanhamento dos moribundos?*

J.-Y.L. – Na tradição budista tibetana, o grande texto de referência para aqueles que acompanham os moribundos é o *Bardo Thodol*. Propriamente falando, não se trata de um livro dos mortos, mas de um "livro de libertação pela escuta atenta do que é entre dois", ou seja, a própria etimologia da palavra tibetana *bardo*. O *Bardo Thodol* é não só uma arte de viver, como também uma arte de morrer; é, antes de tudo, uma arte de estar atento aos fenômenos manifestados nesses mundos chamados, com toda a razão, "intermediários" entre a consciência comum, com suas dualidades, e a pura consciência sem dualidades.

O papel do acompanhante, neste caso, o lama, consiste em colocar a pessoa que está morrendo em condições favoráveis para que possa abrir-se ao que essa tradição chama a "clara luz". No *Bardo Thodol*, existe esta bela frase do lama que diz: "Escuta, nobre filho" (Respeita-se o outro, é-lhe restituída sua identidade profunda). "Eis o momento de morrer. Que teu espírito seja orientado para o espaço sem limites, o espírito virgem e sem mácula que é a nossa verdadeira natureza."

O lama convida o moribundo não só a evitar confinar-se em seus remorsos e seus rancores, mas sobretudo a ir ao encontro de si mesmo. Encontramos o mesmo procedimento no chamado de Deus a Abraão: "Vai ao encontro de ti mesmo". No momento da morte, amar é amar o bastante para dizer: "vai ao encontro de ti mesmo, não me pertences, bendita seja a vida que nos permitiu caminhar juntos, não te detenhas no sofrimento que te submerge, vai...". Encontramos essa mesma ideia nas bem-aventuranças tais como foram traduzidas por André Chouraqui: "A caminho, vós que chorais".

O *Bardo Thodol* insiste sobre a necessidade de o lama fazer apelo tanto às suas qualidades femininas, quanto às suas qualidades masculinas. No momento da morte, temos necessidade de feminino, de maternal, de ternura, de doçura, assim como de masculino. Temos necessidade de um pai, de uma palavra de conhecimento que nos ilumine, nos oriente. Temos necessidade de ouvir "você pode". É isso a verdadeira autoridade, aquela que dá autorização, que inspira confiança. Existe uma função profética do acompanhante que, por sua palavra, pode abrir um caminho.

Portanto, a morte é a ocasião de um despertar. Vista assim, ela não é um drama e eis a razão pela qual dir-se-á que não se trata de chorar ou reter a pessoa, mas antes de convidá-la a descobrir essa pura luz que ela é. Na Índia, dir-se-á: "Não te identifiques com teu Eu, com teu Eu mortal, mas lembra-te que és habitado pelo Self. Tu és Isso". És o filho de teus pais, o filho da sociedade de que fazes parte, além de seres também filho do Vento, do Sopro que te habita. Tira proveito dessa expiração para expirar no Self, para deixar existir o Self. Os cânticos, o acompanhamento musical, as palavras que são pronunciadas têm como objetivo não só aliviar o sofrimento, mas igualmente lembrar que, apesar de amarmos esta terra, não somos "apenas desta terra". Somos também uma polaridade celeste e o momento em que nossa terra se dissolve, se decompõe, talvez seja o momento de abrir-nos para o amplexo do celeste em nós próprios, pouco importando que lhe demos o nome de Self, Completamente-Outro, Clara Luz ou uma Outra Consciência...

– Entre as diferentes atitudes possíveis diante da morte, o que se passa com aquela ou aquele que não professa uma religião?

J.-Y.L. – Algumas pessoas sem religião, sem tradição, têm qualidades humanas tão válidas quanto as que podem ser encontradas nas pessoas que professam determinada religião porque a abordagem da morte continua sendo, apesar de tudo, uma abordagem humana. É a razão pela qual deve-se insistir sobre o fato de que a função das religiões deveria consistir em despertar, em revelar essas qualidades humanas profundas.

Assim, a verdadeira questão é a seguinte: "Será que somos seres humanos, seres humanos em toda a sua profundidade?"

Não se trata de dar às pessoas e aos acompanhantes uma formação religiosa ou espiritual, mas simplesmente uma formação humana. A carência maior em certos meios hospitalares não é de espiritualidade, mas apenas de humanidade! Temos de aprender que não estamos em relação com uma doença, mas com uma pessoa que tem uma doença; e, ainda mais profundamente, com uma pessoa que tem uma alma, quer acreditemos ou não na sua existência... Devemos somente respeitar essa dimensão do ser humano. Em minha opinião, alguns acompanhamentos são truncados. O drama do homem contemporâneo não é a castração (o recalque) da sexualidade, da criatividade ou da emotividade, mas a da dimensão espiritual do ser humano. Uma vez mais, quer professemos ou não uma religião, a preparação para o acompanhamento das pessoas que se encontram no fim da vida deveria levar em consideração essa dimensão do ser humano. Além de não ficarmos envergonhados por defender tal postura, deveríamos saber que existe aí uma eficácia de outra ordem, ou seja, a eficácia do coração.

3
SUPERAR O TABU DA MORTE NA ATUALIDADE

O desafio de um humanismo espiritual

– *No acompanhamento dos moribundos, principalmente pelo pessoal das unidades de tratamentos paliativos, encontra-se, ou não, uma impregnação espiritual particular? Como é que isso é vivido no cotidiano?*

Marie de Hennezel – O espírito, os procedimentos dos tratamentos paliativos inspiram-se, manifestamente, na tradição judeu-cristã. Aliás, os precursores neste campo, ou seja, o Movimento dos Asilos na Grã-Bretanha, eram abertamente cristãos.

Apesar dessa inspiração estar presente nos valores de um grande número de profissionais da saúde e de voluntários que fazem o acompanhamento, ela não é impositiva. Chego mesmo a pensar que os tratamentos paliativos conseguiram fundamentar-se em uma ética suficientemente aberta para que pessoas enraizadas em outras tradições (budistas ou, até mesmo, agnósticas) encontrem aí seu lugar. Sejam quais forem suas crenças religiosas ou filosóficas, as mulheres e os homens que participam desse movimento dos tratamentos paliativos estão a serviço da mesma ética: trata-se de respeitar o moribundo e a qualidade do tempo que lhe resta viver, assim como oferecer-lhe tratamentos e uma escuta suficientemente aberta e respeitosa para que ele entre vivo na morte.

Há, evidentemente, uma certa concepção do homem e da morte por detrás dessa ética. Eis como poderíamos resumir os grandes princípios dessa abordagem humanista.

A morte não é um fracasso. Ela faz parte da vida. É um acontecimento que se tem de viver. Uma "realidade vigorosa", dizia Teilhard de Chardin, uma realidade que nos desperta, nos obriga a tomar consciência de nossos valores mais profundos, uma realidade que nos convida a criar, pensar, procurar um sentido.

O "tempo do morrer" tem um valor. Portanto, deve ser respeitado porque tem um sentido, mesmo se este nos escapa. É o tempo das últimas permutas de vida, o tempo de fechar o círculo, o tempo de preparar-se para passar para a "outra vida", seja qual for a representação que dela se tenha, e mesmo se essa outra vida permanece um mistério completo.

Acompanhar esse tempo exige de todos uma aceitação diante do inelutável, do inevitável, que é a morte. Isso implica o reconhecimento de nossos limites humanos. Seja qual for o amor que sintamos por alguém, não podemos impedi-lo de morrer, se tal é o seu destino. Também não podemos evitar um certo sofrimento afetivo e espiritual que faz parte do processo do morrer de cada um. Podemos somente impedir que essa parte de sofrimento seja vivida na solidão e no abandono; podemos envolvê-la de humanidade.

Finalmente, a experiência do acompanhamento é um enriquecimento porque ela nos humaniza. São muitos os ensinamentos que recebemos daqueles que estão morrendo, de suas famílias, dos profissionais da saúde.

Com os moribundos, aprendemos não só a compreender melhor como a vida termina, mas também como o ser humano comum abre caminho para a sua própria morte, cheio de coragem, humor, bom-senso.

Com as famílias e os profissionais da saúde, aprendemos como no âmago da provação e do luto as pessoas tornam-se mais humanas. Nesses momentos derradeiros, revelam-se tesouros de ternura, de dádiva de si.

— *Essa espiritualidade do acompanhamento, baseada em um humanismo aberto, parece existir apenas em certos lugares. A que se deve atribuir o fato de que ela não esteja mais difundida?*

M. de H. – Durante dez anos, tive a sorte de trabalhar com mulheres e homens que tinham o dom da compaixão e eram verdadeiros seres humanos. Mas os testemunhos que recebi dos doentes em relação à maneira como haviam sido tratados em outros lugares, mostram até que ponto essa humanidade ainda é escassa. Vê-se perfeitamente que a primeira etapa para um humanismo espiritual consistiria em sermos verdadeiros seres humanos. Ou seja, abeirarmo-nos do outro com respeito. O respeito pelo que ele é para além do que vemos.

Saber acolhê-lo, entrar calmamente em seu quarto, saber sentar-se nem que seja durante cinco minutos para deixar vir o que o outro tem para dizer, escutá-lo, dar-lhe de beber, ajudá-lo com doçura a encontrar uma posição mais cômoda etc. É tão frequente não estarmos presentes em nossos gestos! Às vezes, devido a um certo automatismo, temos a impressão de que uma máquina se ocupa de outra máquina. Quando alguém fala de um doente, mencionando o "câncer do apartamento 15" ou o "Aids do apartamento 12", está incrementando a despersonalização. Tem-se a sensação de que são corpos doentes, deteriorados, que se procura reparar. Quando, afinal, trata-se de "pessoas" que vivem dolorosamente em seu foro íntimo essa redução de sua pessoa a um "objeto", a primeira coisa que temos de conquistar é, realmente, nossa própria humanidade.

— *Por que parece tão difícil ser simplesmente humano?*

M. de H. – Será que fomos acolhidos e tratados com humanidade por nossos pais e por aqueles que nos educaram? Hoje, apercebemo-nos de que a maioria de nossos contemporâneos foram mal-acolhidos como humanos. Desde a infância, não foram respeitados da forma como eles eram. Foram obrigados a adaptar-se aos outros, aos seus desejos. Foram obrigados a conformar-se com o que não era eles próprios. No final de contas, a maioria nem sabe o que é ser acolhido como pessoa, o que é ser confirmado. Devemos a Franz Veldman o fato de ter chamado nossa atenção para a falta de "confirmação afetiva" que é um dos flagelos de nosso mundo[11]. Ser confirmado em sua existência e em sua essência.

Se não fomos acolhidos dessa forma, então, é muito difícil acolher os outros. Todo o trabalho pessoal exigido aos profissionais da saúde consiste em superar sua própria vivência, a maneira como foram acolhidos na vida, a fim de descobrirem nas relações uma real faculdade de contato, de acolhimento e de segurança. Muitas vezes, ficamos admirados pelo fato de que os auxiliares de enfermagem ou certas enfermeiras sentem dificuldades para serem afáveis, respeitadores, mas, frequentemente, são as mesmas pessoas que sofreram muito e não foram acolhidas de maneira adequada. Nesse caso, parece-me que, antes de "planar" nas esferas espirituais, importa, antes de tudo, viver e "viver-se", como ser humano, viver-se como ser humano na relação de uns com os outros, o que pode ser experimentado em uma equipe. É certo que, a partir do momento em que os membros de um grupo, cuja função é acompanhar moribundos, aprendem a escutar-se uns aos outros, a dar lugar às emoções de cada um, isto é, onde a dimensão de acolhimento é vivida verdadeiramente em uma equipe, então, é todo um conjunto de pessoas que aprendem a ser humanas e, portanto, são capazes de um humanismo espiritual. Tudo começa aí, nessa maneira de se estar uns com os outros no cotidiano dos tratamentos médicos.

– Essa grande dificuldade que a pessoa sente em ser capaz de humanidade diante de um moribundo sempre existiu ou é um fenômeno moderno?

M. de H. – Tenho a impressão de que se trata de um fato que tem a ver com a modernidade porque, atualmente, estamos em um mundo de efetividade e não de afetividade. Um mundo que valoriza o "fazer", a técnica, tudo o que é da ordem da eficácia, da rentabilidade, e tudo isso em detrimento da afetividade. Aliás, essa atitude não diz

---

11. VELDMAN, Franz. *L'Haptonomie, science de l'affectivité*: Paris: PUF., 1995.

respeito somente ao acompanhamento dos moribundos. Reparem no que se passa logo no início da vida, no momento do parto. A mulher dá à luz assistida por uma formidável aparelhagem técnica, tendo como única preocupação evitar a todo o custo qualquer complicação. Os valores de controle, domínio, estão presentes desde o início de uma vida, e essa aparelhagem será utilizada, muitas vezes, em detrimento da afetividade. São muito raros os lugares onde são respeitados verdadeiramente esses instantes do nascimento, por exemplo, diminuindo a intensidade da luz, deixando um momento de intimidade entre o pai, a mãe e a criança. Somente uma minoria de pessoas atribuem importância ao afetivo em um ambiente em que tudo é baseado no efetivo.

– *Esse desinteresse pelo afetivo terá alguma relação direta com os enormes progressos da medicina?*

Será que a qualidade técnica suplantou a qualidade de sentimentos?

M. de H. – Existe uma formidável defasagem entre os avanços tecnológicos e científicos, por um lado, e o cotidiano dos tratamentos médicos, por outro. Os hospitais dispõem de equipamentos e programas de pesquisa de alto nível, mas o fator humano não acompanhou tal evolução. O hospital já não é fiel ao que foi a função primeira: a hospitalidade. É verdade que, outrora, essa função era mantida, em grande parte, pelas congregações religiosas. Ao secularizar os tratamentos, o hospital parece que se desumanizou. São numerosos os profissionais da saúde que têm consciência disso e estão preocupados com tal situação. Formados para manipular aparelhos cada vez mais sofisticados, têm a impressão de viver, muitas vezes, como se fossem máquinas a quem se pede para reparar outras máquinas. Como havemos de ficar admirados se eles se sentem desprovidos diante da pessoa que sofre? Não são formados nem enquadrados no que faz parte integrante de sua função: cuidar do ser.

Ouçamos o grito do fundo do coração de uma enfermeira ainda jovem que, por ocasião do primeiro estágio no hospital, teve de tratar de uma mulher de sua idade com câncer em fase terminal. "Não posso permanecer como uma estátua diante de pessoas que sofrem!" Eis que, de repente, ela toma consciência da verdadeira dimensão de sua profissão que consiste em conviver com o sofrimento e, muitas vezes, com a morte. Dá-se conta de que não a prepararam para isso. Ensinaram-lhe muitas coisas, a ser uma boa técnica, competente e meticulosa nos seus gestos, mas não lhe ensinaram a enfrentar a angústia daqueles que sentem que estão morrendo. Não lhe ensinaram como proceder com esse profundo sentimento de impotência e de fracasso que ela experimenta. No máximo, preveniram-na contra os perigos da afetividade e da sensibilidade, contra o esgotamento emocional sempre que se abandonasse a viver seus sentimentos diante do sofrimento do doente. Aconselharam-na a manter distância: nunca sentar-se na cama de um doente, nunca beijá-lo. Contentar-se com os gestos técnicos.

Será possível permanecer como uma estátua? Será razoável? questiona-se ela. Com efeito, se escolheu essa profissão foi, no final de contas, para estar perto daqueles que sofrem! Portanto, ela avalia o dilema diante do qual se encontra e sua solidão. Terá, realmente, de fazer uma escolha entre a competência profissional e a humanidade? Não será possível viver as duas coisas ao mesmo tempo?

Justamente, a ambição dos tratamentos paliativos é mostrar que se pode aliar a competência técnica à qualidade humana. Não se trata, de modo algum, de rejeitar tudo o que nos é fornecido pela tecnologia, mas acrescentar-lhe uma verdadeira qualidade humana. Eis aí o desafio dos tratamentos paliativos e, na realidade, o desafio dos anos vindouros.

– A dificuldade em aliar competência e qualidade em redor de um moribundo seria devida ao tabu que plana sempre em torno da morte?

M. de H. – Quando se fala do tabu da morte, na realidade, de que se está falando? Ela está presente permanentemente nas nossas telas de televisão. Todos os dias, falam-nos de cenas de destruição e de violência. Mas trata-se de uma morte longínqua, espetacular, as mortes dos outros, no Zaire, Bósnia, a morte nos atentados. Em relação a essa morte, não há tabu. Este tem a ver com a morte íntima, aquela que toca ou há de tocar um dia a cada um de nós no âmago de nossas vidas. A morte de nossos familiares, amigos, colegas. Essa morte é dissimulada, escondida, despojada com demasiada frequência de sua dimensão humana. Essa morte, íntima porque nos atinge, nos fere no mais profundo de nós mesmos, íntima também porque, à sua porta, sentimos a necessidade de abrir-nos para aqueles que amamos a fim de reencontrá-los ainda mais profundamente, íntima porque ela nos aproxima de nossos sentimentos, é essa morte que é tabu.

O tabu da morte é um tabu da intimidade. Com efeito, se começamos a observar a realidade da morte é para as profundezas de si que o olhar se dirige. E é essa interioridade que nossa sociedade evita e dissimula tanto quanto pode. O poeta russo Chestov diz que "o anjo da morte tem as asas consteladas de olhos; quando se aproxima de um de nós, dá-lhe olhos novos, olhos oriundos de suas asas, e que veem para além do superficial e do aparente". É exatamente esse olhar interior capaz de ver para além das aparências que é encoberto por nossa sociedade extrovertida. Assim, uma pessoa que pressente a proximidade da morte sente essa necessidade de interioridade, de comunhão íntima com os outros. E os outros – aqueles a quem chamamos, por engano, próximos, uma vez que mal cultivam essa proximidade – já não sabem simplesmente como se comunicar. Quantas vezes um deles veio falar comigo, chorar em meus braços, deplorando essa paralisia afetiva: "É horrível, mas já não sei o que lhe dizer...".

Na dor, tomam consciência da pouca intimidade que têm com a pessoa que está morrendo, mesmo se ela é alguém muito próximo, um irmão, o cônjuge, o pai ou a mãe... As palavras que permitiriam um encontro afetivo, as declarações "eu te amo", os olhares que deixam transparecer a emoção estão como que congelados. Até mesmo a proximidade física parece difícil e é possível observar "próximos" que se mantêm a um metro da cama ou nem sequer têm a ousadia de entrar no quarto. Pensa-se que estão aterrorizados pela morte, mas não, que nada! Não é a morte que lhes causa medo, mas a intimidade.

– *Nesse tabu da intimidade existem dois elementos que parecem muito importantes: o que concerne à palavra – declarar "eu te amo" – e o que diz respeito ao contato – tocar no outro. Qual é o mais difícil de superar?*

M. de H. – Creio que os dois são indissociáveis: o gesto faz apelo à palavra e inversamente.

Jean-Yves Leloup – É a própria definição da palavra "sacramento": um gesto acompanhado por uma palavra.

M. de H. – Muitas vezes, o moribundo sente a necessidade urgente de tal contato, mas não se atreve a solicitá-lo. De fato, irá solicitá-lo de uma forma que nem sempre será possível decriptar: ao pedir para que mudem sua posição na cama, para que a levantem, para que lhe deem de beber. Por detrás da aparente necessidade existe verdadeiramente o desejo da aproximação íntima com alguém que a pessoa ama. Infelizmente os familiares delegam, muitas vezes, essas tarefas ao pessoal de enfermagem, não compreendendo que essa é justamente a ocasião de tomarem em seus braços aquela ou aquele que, em breve, deixará esta vida e, assim, poderem comunicar-lhe mediante esse gesto e a palavra que o acompanha toda a afeição que lhe dedicam.

– *Para que cheguemos a superar esse tabu da intimidade, não seria necessário reconsiderar toda a educação?*

M. de H. – Sem dúvida, e a esse propósito eu gostaria de insistir sobre o ensinamento que recebemos dos próprios moribundos. São eles que nos levam a reaprender o que conta na vida. São numerosos os que dizem que só se abriram para os outros depois de terem acompanhado um familiar até à morte. "Eles tornam-nos mais generosos e mais humanos", afirmava com toda a razão Cecily Saunders, a pioneira dos tratamentos paliativos.

J.-Y.L. – No mundo contemporâneo, o sofrimento ou a morte têm sido considerados assuntos individuais; individuais, mas não íntimos. Partimos de um pressuposto antropológico em que o sofrimento tornou-se um negócio de tal modo individual que já não está ligado à família, à sociedade na qual vivemos. Nesse caso, é importante distinguir as duas palavras: indivíduo e íntimo.

Em determinadas culturas, quando alguém está doente, é toda a família que fica doente; era assim, outrora, nas sociedades tradicionais do Ocidente. Eis a razão pela qual se tinha tanto respeito por aqueles que eram chamados "loucos": estes somatizavam os distúrbios que eram os de toda a sociedade.

Infelizmente hoje cada um sente-se muito só na cama de hospital. Houve realmente uma evolução, uma transformação: a do individualismo.

M. de H. – Um dos sofrimentos revelados no final da vida é justamente esse sofrimento da solidão em que cada um está confinado em si mesmo. É frequente dizer que o final da vida é a ocasião de reunir toda a família em redor do moribundo e isso pode constituir, realmente, a oportunidade para uma saída da solidão. Eis a razão pela qual é tão importante estar atento para facilitar as permutas e a comunicação entre o doente e a família. De fato, não se acompanha apenas uma pessoa, mas acompanha-se uma pessoa *e* seu ambiente, sua família, seus amigos, porque tal acontecimento transforma todo o mundo e não só aquela ou aquele que está morrendo.

J.-Y.L. – Mas isso pressupõe, evidentemente, que a família ou os amigos tenham o direito de entrar...

M. de H. – Com certeza, é necessário dar um lugar à família, um espaço geográfico (que ela possa chegar a qualquer hora, que existam espaços de acolhimento no serviço onde tenha a possibilidade de reunir-se), mas é necessário, igualmente, oferecer-lhe um espaço psicológico (acolher suas angústias, suas questões). É, portanto, verdadeiramente a entidade doente-família que é acompanhada.

– *Infelizmente o acolhimento proposto nas unidades de tratamentos paliativos está longe de existir na maior parte dos serviços hospitalares onde, no final de contas, morre a maioria das pessoas. Como poderá ser remediada tal defasagem?*

M. de H. – O problema do hospital reside no fato de que não se reconhece o devido lugar às famílias. Na maior parte dos casos, as regras hospitalares não lhes permitem a presença tão necessária ao acompanhamento. Alguns hospitais começaram a abordar a questão do acolhimento. Sem dúvida, as equipes hospitalares, assim como as instituições, terão de acolher mais as famílias e, ao mesmo tempo, tomar medidas para que elas disponham do seu lugar. Mas é, igualmente, importante que a família "tome" o seu lugar.

Essa evolução já começou; sem dúvida, levará algum tempo para atingir a sociedade inteira.

Cada família deve ter a ousadia de tomar o seu lugar. Isso irá efetuar-se à medida que o tabu da morte for perdendo terreno; quando a morte estiver mais integrada na vida, quando nos atrevermos a falar dela com mais simplicidade. Mas continua sendo muito importante que as famílias não confiem sua obrigação às instituições. Outrora eram as comunidades, as famílias, que assumiam o acompanhamento. Trata-se, portanto, de um espaço que tem de ser reconquistado.

Então, como proceder?... Não há evidentemente receita, uma vez que, como eu dizia, trata-se de uma questão de evolução da sociedade considerada no seu conjunto e não de uma questão relativa apenas aos profissionais da saúde. Seria um equívoco julgar que o problema pode ser resolvido com a formação de alguns especialistas ou a criação de alguns lugares especializados. Isso não modificará nada se a sociedade não mudar sua relação com a morte, se cada um de nós não se sentir pessoalmente interpelado sempre que uma pessoa amiga estiver às portas da morte.

– Será suficiente remodelar as estruturas para incentivar as famílias a reconquistar um lugar quando, na maior parte do tempo, elas vivem uma situação de medo?

M. de H. – Trata-se, sobretudo, de aplicar uma verdadeira política de acolhimento das famílias nas instituições, ou de apoio a domicílio quando elas preferem conservar o doente em casa. Com efeito, os familiares de um moribundo têm de enfrentar uma pesada tarefa: assumir o desgosto de perder um ente querido, preparar o luto e, ao mesmo tempo, acompanhar uma vida que está chegando ao fim.

Nesse caso só poderão estar verdadeiramente à altura de sua tarefa de acompanhamento se, por sua vez, forem acompanhados; ora, o trabalho das equipes de profissionais da saúde consiste, realmente, em prestar assistência a essas famílias a fim de permitir-lhes superar seus receios e cumprir sua função. Todavia, é verdade que atualmente, na maior parte dos casos, isso é difícil de acontecer. Nos anos futuros o esforço deveria incidir, em primeiro lugar, na formação dos profissionais da saúde a fim de que sintam uma capacidade cada vez maior para escutar e amparar as famílias; em seguida, na abertura dos serviços a voluntários – com efeito, a tarefa destes consiste também em apoiar as famílias e ficar ao seu lado nos momentos difíceis; e, por fim, conviria, é claro, flexibilizar as regras hospitalares.

As famílias devem ser aceitas, o que implica, de fato, um trabalho de humildade por parte dos médicos e do pessoal de enfermagem. Estes têm de reconhecer que esse momento da proximidade da morte não é um momento propriamente clínico, mas um momento que, à semelhança do nascimento, é uma das passagens da vida. Não é porque a vida está chegando ao fim em um serviço hospitalar que esse momento privilegiado, e muito importante, não deve assumir toda a sua dimensão; portanto, deve ser vivido, acompanhado, por todas as pessoas amigas do doente.

Eis a razão pela qual é tão importante que os profissionais da saúde compreendam isso a partir do interior. De maneira concreta, isso quer dizer: apagar-se, evitar as relações de autoridade com a família, aprimorar a escuta e a disponibilidade. Infelizmente, estamos evocando aí qualidades que, na maioria das vezes, não são estimuladas.

Todavia, para que a família possa ocupar, efetivamente, o lugar que é o seu junto de um moribundo – e, se isso for necessário, exigi-lo a um pessoal hostil – lembremos, uma vez mais, que é o olhar lançado sobre a morte que deve modificar-se e que esse problema está totalmente ligado à perda dos valores espirituais. O que na morte causa medo são as questões que ela suscita, e essas questões incidem diretamente sobre o sentido da vida: haverá um além? Qual é a nossa origem? Para onde vamos? etc. Evitando falar da morte, tentamos fugir de tais perguntas e, no entanto, são elas que servem de fundamento ao homem. Ter de enfrentar a morte obriga a fazer, efetivamente, uma reflexão sobre o sentido da vida, sobre nossos valores profundos; no entanto, estamos em um mundo em que, na maioria das vezes, tais interrogações são evitadas. Atualmente as coisas começam a mudar: por exemplo, estamos observando um renovado interesse pelos temas filosóficos... No entanto, à pergunta "como proceder?" só posso responder que agora trata-se de ampliar esse movimento que já está em marcha.

– *O medo desencadeado pela morte será devido à impossibilidade de "conferir um sentido a..."? Será possível – e necessário – conferir um sentido à morte, ou mais concretamente, à perda do ente querido?*

M. de H. – Seria preferível conferir um sentido ao tempo que resta viver. Aliás, as pessoas estão empenhadas, com maior frequência, em conferir um sentido à vida do que em conferir um sentido à morte. Essa pergunta pode referir-se ao passado: "O que fiz da minha vida?" Tratar-se-á, então, de uma releitura da vida passada com seus momentos de felicidade, desespero, vergonha etc. Mas refere-se, igualmente, à noção do tempo que *resta* viver. Quando alguém pressente que vai morrer, pergunta inevitavelmente a si mesmo que sentido poderão ter as semanas, os meses que lhe restam. Hoje, muitos consideram que esse tempo que resta viver – quando "já não há nada a fazer" – não tem valor. É corrente ouvir a seguinte questão: "Uma vez que já não podemos fazer mais nada, por que não abreviar a duração da vida?" Vejo as coisas de outra forma. Penso que não é porque a morte está próxima que deixa de haver algo para viver. Minha experiência e a observação de um certo número de acompanhamentos deram-me a confirmação de que o tempo do morrer é um tempo que tem um valor, um tempo de transformação possível.

Desde o pressentimento de sua morte, a pessoa empenha-se, mais ou menos conscientemente, em um trabalho interior que pode ir de um simples reordenamento em um plano estritamente material até um reordenamento relacional – rever alguém com quem teve uma disputa, pedir desculpa a quem se causou sofrimento etc. Percebe-se que os moribundos têm necessidade de ir até o extremo deles próprios. Existe uma bela expressão de Michel de M'uzan que evoca uma espécie de "parto" de si mesmo nesse trabalho interior que é "como uma tentativa de se dar completamente à luz antes de desaparecer".

Concretamente, isso quer dizer que algumas pessoas, sentindo que é curto o tempo que resta, têm pressa em resolver os assuntos pendentes... É claro que ficará sempre algo de inacabado. O entrevado na cama não poderá, evidentemente, realizar tudo o que teria desejado fazer. Mas tentará, então, simbolizar o que não foi vivido por meio de um gesto, de uma palavra ou de um olhar, portadores do desejo que nunca chegou a ser vivido ou não chegou a ser vivido até o fim. Por exemplo, é possível encontrar pessoas maldosas e agressivas que, no final da vida, tornam-se amáveis, plenas de gentileza e benevolência. Chegam ao ponto de dizer palavras de amor a seus familiares. Palavras que, é claro, nunca haviam sido pronunciadas anteriormente. Trata-se de uma simbolização. Por essa palavra, esse gesto, elas vão de alguma forma "juntar" todo esse desejo de amor que se encontrava dentro delas e que não tinham conseguido ou sabido viver e manifestar mais cedo. Mas essa simbolização pelo gesto, pela palavra ou pelo olhar é, às vezes, tão delicada, tão sutil, que não chegamos a percebê-la. Nesse caso, faz-se um julgamento sombrio, pessimista, negativo sobre o que se passa.

Com frequência pergunto a mim mesma se não se acaba por confinar o outro, aquele que está morrendo, em uma visão tão negativa e absurda de sua situação que ele não pode sair de nossa própria visão. Nesse caso, terá necessidade de uma personalidade bastante forte para poder superar isso e encontrar um sentido para o que se passa.

Na maior parte das vezes, a atitude dos familiares afunda o moribundo que nem pode ficar à escuta de sua própria resposta interior a essa questão do sentido. Com efeito, esse sentido é verdadeiramente o segredo de cada um; e compete a cada um de nós encontrar tal sentido particular. No entanto, se para encontrá-lo for necessário poder interiorizar-se, convém, igualmente, sentir que os outros aceitam recebê-lo e serem suas testemunhas. Eis a razão pela qual penso que temos uma grande responsabilidade no olhar que lançamos sobre o tempo de vida ainda oferecido ao moribundo e em relação ao espaço que deixamos para que algo venha a brotar.

– Para fazer evoluir nosso comportamento diante da morte, será que convém transformar o olhar que lançamos sobre o "tempo do morrer" e não tanto o que se reporta diretamente ao fenômeno da morte?

M. de H. – O olhar lançado sobre a morte tem sua importância. É verdade que se pensamos que a morte é o fim de tudo e que nem existe sequer uma porta aberta para o mistério, torna-se realmente muito difícil lançar um olhar positivo sobre o tempo que resta viver. Mas não são numerosos os que pensam nisso. A maioria está às voltas com um questionamento aberto, isto é, até mesmo os que afirmam não acreditar em nada acabam confessando que não sabem, não veem tudo, nem compreendem tudo... Portanto, existe sempre uma espécie de abertura para algo que nos supera. A esse propósito estou pensando em uma doente que me disse: "Não acredito em nada, mas estou curiosa em conhecer o que vem depois...".

4
PARA ALÉM DA MENTIRA E DA VERDADE

O que dizer a quem está morrendo?

— Embora a mentira seja fustigada em nossa educação desde a mais tenra idade, acaba sendo não só legitimada, mas quase recomendada, desde que nos encontramos envolvidos em um contexto de doença e de morte.

No caso do acompanhamento de um moribundo, será aceitável mentir? E deve-se ou pode-se dizer a verdade?

Jean-Yves Leloup — Essa questão coloca-nos, uma vez mais, diante de nosso pressuposto antropológico: se, na verdade, acreditamos que o ser humano tem apenas esta vida, convém prolongá-la o mais possível e permitir que ele viva o pouco tempo que lhe resta nas melhores condições. Para Voltaire, por exemplo, dizer a um moribundo que vai morrer é envenenar-lhe a vida, é apressar o desenlace de seus dias. Importa, a qualquer preço, ocultar-lhe a verdade e contar-lhe mentiras agradáveis. Nessa atitude esquece-se que no final da vida o corpo da pessoa sabe que vai morrer; assim, não lhe confessar a verdade há de colocá-lo em uma situação análoga à da criança autista (bem conhecida pelos psiquiatras): a da "dupla mensagem". Ou seja, anuncia-se uma coisa no momento em que o corpo manifesta o contrário. Do encontro dessa dupla mensagem irá surgir, então, uma grande confusão.

Os moribundos podem conhecer um certo número de delírios dos quais, como acompanhantes, às vezes, somos responsáveis quando não lhes dizemos a verdade no momento em que seus corpos sabem muito bem o que se passa.

A questão não consiste em saber se é necessário expressar ou não a verdade, a escolha não é entre a verdade e a mentira. Mentir causa sempre sofrimento – quer junto de um moribundo ou na vida em geral – mas, no caso preciso de um moribundo, a mentira pode aumentar a dificuldade na qual ele já se encontra. Portanto, a questão consistirá antes em saber "como" dizer a verdade sem que tal atitude leve a pessoa a confinar-se em seus sintomas, em sua doença, em seu ser para a morte.

Uma verdade apresentada de forma brutal será, com certeza, pior do que uma mentira. Então o médico deve ter a coragem – isso, normalmente, faz parte de sua profissão – de anunciar "o que é" sem aprisionar a pessoa nessa morte próxima porque ele próprio não é senhor da vida. Todavia, não tem de ocultar o que os aparelhos lhe revelam a respeito da doença; caso contrário o doente recebe uma mentira consoladora e, se de um ponto de vista consciente colabora com ela, percebe também inconscientemente em seu corpo a mentira dissimulada pelo médico.

Se em um plano deontológico pode ser grave ocultar a verdade, o certo é que continua de pé a questão: como expressá-la?

Aí há de entrar em ação o tom da voz, o gesto da mão, o olhar; todas essas atitudes que oferecem ao doente uma saída para o que o diagnóstico pode ter de redutor demais. O médico está presente para recordar ao doente que ele não é "apenas" a sua doença. Pode também lembrar ao mortal que está acompanhando em seus derradeiros instantes que, talvez, não seja somente mortal. Mas isso pressupõe que, por sua vez, o médico tenha a visão global do homem que evocávamos no início.

– *Não será, às vezes, o próprio doente que, inconscientemente, pede a mentira?*

J.-Y.L. – Inconsciente e conscientemente, como sempre fez durante toda a sua vida. Não cessamos de pedir ao outro que nos minta.

Para ficarmos tranquilizados, para podermos sentir-nos amados e amáveis. De fato, o doente pede que lhe digam que não morrerá. Mesmo se todo o seu corpo sabe que o fim é inelutável.

Às vezes é, portanto, o próprio doente que deseja que lhe mintam, mas chega um momento em que seu corpo e todo o seu ser já não conseguirão mentir. E seria pena que o final da vida acabasse sendo o fim de uma enorme mentira.

Nesse caso a morte seria não só, como afirmam os budistas, o "fim de uma ilusão", mas também o termo de uma mentira. A crença na permanência de todas as coisas é uma forma de mentira. Será que podemos acreditar que vamos permanecer lindos, inteligentes e vivos para sempre? A proximidade da morte pode ser, realmente, a ocasião para descobrirmos que, desde sempre, somos mortais. Eis uma grande verdade muito simples que, se for verdadeiramente vivida pode tornar-nos totalmente livres em relação à nossa beleza, à nossa memória, à nossa inteligência que deixaram de existir, assim como em relação à nossa vida que, em breve, chegará ao seu termo...

Com efeito, aquele que se aceita desde sempre mortal é maior do que a morte.

– *Será que, em sua experiência concreta, o profissional da saúde sente também essa grande dificuldade em expressar a verdade a um moribundo?*

Marie de Hennezel – Aqueles que estão morrendo encontram-se, às vezes, muito sozinhos. Com efeito, permanecer em comunicação afetiva com os familiares e com os profissionais da saúde implica um clima de verdade, de autenticidade que, muito frequentemente, não existe. A carga de angústia ligada à separação que todo o mundo presente envenena, muitas vezes, a atmosfera e influi de forma considerável na qualidade das permutas. Não se sabe nomear o que causa sofrimento. As palavras, os gestos para dizer adeus, dar autorização para partir, tranquilizar em relação ao futuro dos que ficam, são como que congelados, prisioneiros dos tabus que evocávamos acima.

De fato, existe um sentimento de culpa muito acentuado entre os profissionais da saúde e os familiares diante da morte de alguém. O receio de que, abordando a questão da morte com um moribundo, este possa ter a impressão de que as pessoas estão baixando os braços, portanto, de que o estão abandonando. A conspiração do silêncio que se cria, então, provoca muito sofrimento em ambas as partes.

Ela acaba por impedir qualquer comunicação verdadeira e profunda. Muitas vezes é fator de agravamento da dor ou causa de estados de confusão mental. Entre os profissionais da saúde e familiares ela cria um mal-estar que beira o insuportável e, inevitavelmente, desencadeia um comportamento de fuga.

Não é fácil romper essa conspiração porque existe como que um incremento de superproteção: o moribundo protege os seus ao perceber de forma bastante sutil a angústia que os invade; quanto às pessoas que estão ao seu redor, são levadas a protegê-lo na medida em que subestimam sua capacidade para enfrentar a situação.

O problema, é claro, não se limita à revelação de um diagnóstico ou de um prognóstico. Trata-se de um problema de comunicação e de relação. Segundo Elizabeth Kübler-Ross, o moribundo – tanto seu corpo, quanto seu inconsciente – sabe sempre de tudo. Sem contar que ele sente e percebe tudo o que se passa à sua volta: os olhares, as conversas entrecortadas, os silêncios embaraçados.

Portanto, a questão não consiste, efetivamente, em saber se convém ou não dizer-lhe a verdade, mas na maneira como compartilhar com ele tal conhecimento, como permitir-lhe que nos diga o que sabe, que compartilhe conosco o que sente. Com grande frequência, condena-se o moribundo ao silêncio quando ele exprime a consciência de que existe agravamento de sua doença. A questão consiste em saber se podemos suportar falar com ele da sua morte.

Um doente que permanece calado, cheio de dores, com o rosto e os olhos fechados, que evita o contato, não nos diz forçosamente que se recusa a falar de sua morte. Talvez nos diga que já correu o risco de entabular o diálogo e deparou com o medo no olhar dos outros! Talvez nos diga que se sente sozinho!

Se devemos respeitar absolutamente que uma pessoa se recuse a falar-nos, pelo contrário, é necessário levá-la a compreender que estamos prontos a ir ao seu encontro, aceitando seus questionamentos e seu medo no momento em que achar mais conveniente e no plano que desejar.

Portanto, é necessário levá-la a sentir que não nos esquivaremos. Sabe-se que uma certa disponibilidade, a forma de sentarmo-nos na cama do paciente e ficarmos à escuta silenciosa são outros tantos sinais que mostram que estamos prontos a abordar essas questões dolorosas com ele. Não é raro que a pessoa nos diga por sua própria iniciativa: "Vou morrer"; compete-nos levar em consideração esse desabafo assegurando-lhe ao mesmo tempo que não a abandonaremos.

Portanto, essa questão da verdade exige que mobilizemos, no mais profundo de nós mesmos, todas as nossas forças de amor a fim de compreendermos e adivinharmos a resposta que o moribundo espera de nós. Essa questão deve ser resolvida em um encontro de amor. Não há, portanto, receita nem truque, mas talvez alguns princípios: saber que a verdade de um moribundo é paradoxal. Este pode sentir que vai morrer e não acreditar de modo algum nisso, conservar uma forma de esperança. Todo o processo do morrer é, aliás, subtendido por uma esperança permanente que assume as mais variadas modalidades: esperança de cura, de um milagre, e depois, muitas vezes já no fim, a esperança de um pequeno prolongamento da vida.

Algumas pessoas, poucos dias antes da morte, falam de si mesmas com uma lucidez que não deixa qualquer dúvida em relação à consciência que têm do que irá acontecer. Em seguida, na mesma conversação, ou algumas horas mais tarde, esboçam projetos para o futuro, como se fossem eternas, ou afirmam que se sentem melhor e recobram a esperança.

– *Será que se trata de uma denegação da morte?*

M. de H. – Creio, antes, que a pessoa comunica-nos a natureza paradoxal de sua experiência. Freud atribui tal atitude a uma clivagem do ego, à evolução de dois pensamentos contraditórios que coexistem, mas não têm vínculos entre si. Um diz: "Sei que vou morrer", enquanto o outro afirma: "A morte não existe". Este segundo pensamento, diz-nos Freud, enraíza-se no inconsciente para o qual a morte não é representável. Isso ajuda-nos a compreender que uma pessoa no limiar da morte pode estar perfeitamente lúcida, ditar seu testamento, distribuir seus bens etc., e, ao mesmo tempo, continuar manifestando esperança.

– *Será aceitável deixar o moribundo em tal ambiguidade?*

M. de H. – Esse modo de funcionamento deve ser respeitado porque preserva uma certa vitalidade até o fim. Acompanhar significa ajustar-se o mais possível ao que o moribundo está vivendo e ampará-lo até o fim no plano que ele próprio escolheu.

Não se trata de mentir, mas compartilhar com ele a esperança de que aconteça algo de imprevisto, um alívio repentino, uma atenuação do sofrimento... Não se deve esquecer que lhe pertence o tempo que lhe resta viver. Sabe-se que algumas pessoas vivem para além de todas as previsões médicas, quando um prazo íntimo significante as mantém presas à vida. E o mistério dos corpos permanece na sua totalidade!

Portanto, temos de evitar dois óbices: em primeiro lugar, comunicar nosso próprio desespero quando o outro ainda tem necessidade de esperança para viver; em seguida, apegarmo-nos à esperança quando o outro nos faz sinal de que já não a possui.

No primeiro caso, esse desespero das pessoas à volta traduz-se, muitas vezes, por uma fuga ou um abandono. Ora, o moribundo tem necessidade de ser considerado como uma pessoa viva até o fim.

No segundo caso, passa-se ao lado da intimidade dos últimos instantes: quando um moribundo já não tem esperança e sente a iminência da morte, é nesse momento que tem mais necessidade de calma, de uma presença silenciosa e, talvez, orante, que não o prenda, não o retenha e o deixe livre para partir.

Quando a atitude e a palavra daqueles que acompanham não estão em contradição com o que o moribundo sabe ou pressente, assiste-se a um alívio e não a um desmoronamento. No meu livro, *La Mort intime*, apresentei vários testemunhos dessa situação.

– Não seria possível superar essa "conspiração do silêncio"?

M. de H. – Nem sempre é possível superá-la e algumas pessoas morrem sem terem conseguido compartilhar seus sentimentos com os familiares. Pode acontecer que o coma agônico que precede o momento da morte seja, então, uma espécie de última saída para o sofrimento afetivo de não poder comunicar com os seus. Uma espécie de refúgio. A vida continua presente, a pessoa parece que se retirou para os subterrâneos de seu ser. O coma parece ser uma espécie de redução da atividade, uma espera. Talvez uma forma de deixar aos acompanhantes o tempo de prepararem-se, de aceitarem a partida, talvez a expectativa de uma palavra de adeus, de uma autorização para morrer, ou de um derradeiro amplexo que permita soltar o próprio corpo e morrer.

5
MEDOS E SENTIMENTO DE CULPA NO COTIDIANO DO ACOMPANHAMENTO

– No limiar da morte, de que se tem medo?

Marie de Hennezel – Os dois grandes medos que as pessoas manifestam são o da dor física não só antes de morrer, como também no momento da morte, e o da solidão e do abandono. Eis a razão pela qual os tratamentos paliativos empenham-se, prioritariamente, em aliviar a dor física e garantir uma presença junto de quem está morrendo. Mas, em torno desses dois medos, insere-se toda a espécie de outros medos, como o de ser separado daqueles que se ama – o que lhes acontecerá? –, o da ruptura das permutas e depois também o de assistir à sua degradação física e, talvez, mental, o de perder uma certa imagem de si com a qual se estava identificado. O de perder o controle das coisas, de ficar dependente, de perder a autonomia, de estar à mercê dos outros. Morrer é perder tudo isso e, para alguns, o que deixam de poder viver é muito mais temível do que a própria morte.

Jean-Yves Leloup – Com efeito, não é possível viver sem sentir que se é amado para além das funções ou da imagem com as quais se estava identificado. E, muitas vezes, falta essa confiança no amor. Portanto, na raiz do medo da morte existe um medo de amar ou deixar-se amar. Uma falha narcísica, diriam os psicanalistas. Na origem dessa emoção que é o medo existe, de fato, uma memória, uma memória arcaica. Algumas vezes, nosso medo da morte está ligado a experiências dolorosas: confiamos em alguém, pensávamos que essa pessoa podia amar-nos ou que podíamos amá-la e fomos enganados nesse movimento de dádiva, de abandono. A partir daí já não é possível dar-nos, ter confiança, porque os ressentimentos que permanecem em nós incitam-nos a acreditar que não seremos acolhidos. Compreendo perfeitamente São João quando diz que o contrário do amor não é o ódio, mas o medo. O verdadeiro amor exclui o temor[12], livra-nos dele.

Realmente, trazemos dentro de nós toda a espécie de medos que se enraízam em nosso psiquismo, e sobre os quais pode, então, implantar-se uma dimensão espiritual ou religiosa que nem sempre facilita as coisas; é aí que pode implantar-se o sentimento de culpa. Da mesma forma que o medo de sofrer pode ser causa de sofrimento, o medo pode também desencadear na pessoa o sentimento de ser culpada da sua doença, "responsável" pelo mal.

Muitas vezes, procurar a causa equivale a procurar o culpado... E não se pode negar que, atualmente, alguns discursos religiosos afirmam que a doença é o castigo de Deus! Então, como sair de tudo isso...? Com efeito, justamente o papel de uma tradição religiosa ou espiritual não consiste em agravar esse medo ligado a nossas memórias e pensamentos, tampouco em agravar esse sentimento de culpa.

O homem não é a consequência negativa de seus atos. Para mim é nesse ponto que intervém a necessidade do perdão, de uma palavra de perdão. A tarefa de uma tradição espiritual é a de lembrar-nos a seguinte frase, citada inúmeras vezes: "Se teu coração te condena, Deus é maior do que o teu coração"[13]. E não haverá de confinar-nos no medo e no sentimento de culpa.

– *Não haverá também um medo do desconhecido diante da morte?*

J.-Y.L. – De fato, o que causa medo a uns, provoca fascínio em outros: "Finalmente, vou conhecer... vou conhecer a verdade, vou ver a verdade de frente...".

---

12. "O amor perfeito livra-se do temor", 1Jo 4,18.
13. 1Jo 3,20.

Essa é a atitude de São João: "Veremos Deus tal qual Ele é"[14], ou seja, veremos a Realidade tal qual ela é, sem as interpretações do ego, de suas memórias e projeções. Mas esse Desconhecido causa um grande terror e pode tornar-se ainda mais aterrorizante se durante a vida foi repetido que o momento da morte é o momento do juízo.

Existem períodos na história judeu-cristã em que a boa morte é aquela que se vê chegar, que se tem tempo de cativar. Nesse caso, roga-se para viver essa "boa morte". Entre os Antigos – por exemplo, para Abraão –, a morte é um "repouso". "Vamos repousar com os Antepassados." Convidam os filhos a quem transmitem as últimas palavras – palavras de sabedoria: "Entra no meu Repouso"; por fim, vão repousar. Como está dito no texto bíblico: "Ele partiu, cumulado de anos...". Enquanto atualmente nas orações que ouço, os desejos são sobretudo: "Contanto que eu não me veja morrer! Aceito morrer, desde que não veja a morte chegar!" Os medos evoluem, fazem parte, evidentemente, de nossas memórias pessoais, mas igualmente da coletividade na qual nos encontramos. A "boa morte" da Idade Média e a "boa morte" de hoje são muito diferentes. Atualmente, prefere-se a morte violenta para evitar o questionamento a respeito do que há "depois".

No entanto, em certos meios cristãos, hindus ou budistas, o momento da morte continua sendo verdadeiramente o do juízo. Esse pensamento está, igualmente, presente nas mitologias contemporâneas: antes de contemplar a "clara luz", para a qual nos dirigimos através do túnel escuro, existe esse tempo em que no "Espelho da justiça" vemos nossos atos positivos e negativos (cf. Raymond Moody)[15].

O momento da nossa morte seria o resultado de tudo o que foi vivido na ordem pessoal e coletiva. Eis a razão pela qual no momento da morte podemos ser testemunhas de cenas estranhas. Podemos ter a impressão de que certas pessoas não estão somente em vias de resolver seus próprios problemas, mas efetuam um trabalho que, praticamen-

---

14. 1Jo 3,2.
15. MOODY, Raymond. *La Vie après la vie*. Paris: Robert Laffont, 1977.

te, inclui várias gerações. Que estão terminando o trabalho não só para elas próprias mas para uma linhagem, uma coletividade inteira...

O medo é uma realidade complexa e o do julgamento, principalmente em certos meios cristãos, tornou a morte temível e temida. Mas esquecemos de que no momento da morte seremos julgados não por um olhar de juiz mas por um olhar de criança. Esse olhar de criança é, aliás, muito mais terrificante porque é o da inocência e, diante dessa inocência, vemos até que ponto não amamos o amor, até que ponto não amamos a vida...

Tenho a firme convicção de que seremos julgados por um olhar de criança... mas, porque ele está repleto de uma infinita misericórdia, não deveríamos ter medo dele.

Nesse caso, podemos viver a morte em um estado de total lucidez e de total esperança. Um estado quase paradoxal.

Às vezes, nos últimos instantes de uma vida, vi operarem-se redenções. É como se todo o amor que não tinha sido dado fosse oferecido nesse momento, nessas horas derradeiras.

É possível ver, então, vínculos familiares desatarem-se em alguns instantes. Como se, de repente, diante dessa experiência de uma bondade que não é nossa (que só pode ser a de alguém maior do que nós – de fato, com a nossa simples bondade, alguns acontecimentos parecem imperdoáveis, injustificáveis), ocorresse, então, uma espécie de mergulho em outra dimensão no interior de nós próprios que nos leva a poder dar, perdoar. Essas pessoas morrem reconciliadas.

O acompanhamento espiritual deveria permitir reconduzir alguém para esse lugar de si próprio maior do que ele mesmo, mais capaz de amar, mais capaz de perdoar do que ele mesmo. Assim, pode haver mortes redentoras. Mortes em que a dimensão da dádiva "salva", de alguma maneira, uma família, uma geração inteira. Neste sentido, estamos bem longe do medo. O amor exclui o temor e, se nascemos para aprender a amar, até mesmo nos últimos instantes, não é tarde demais.

Não se morre sem ter amado, nem que seja durante dois minutos, mas podem ser suficientes dois minutos, durante os quais teremos esquecido de ser rancorosos e, inclusive, de sofrer.

Opera-se, então, uma abertura, uma "páscoa", como se tratasse de uma passagem através de um túmulo vazio que nos permite ir além do medo.

Esse além do medo e do sentimento de culpa leva-nos, como afirma a narração do túmulo vazio no Evangelho, ao encontro da Ressurreição: ao encontro de um amor mais forte do que a morte.

M. de H. – No que diz respeito ao medo do desconhecido, gostaria de citar um caso significativo. Vejo, efetivamente, muitas vezes, pessoas que dizem ter medo da passagem. De fato, trata-se do abandono, o medo de se abandonar, de se abandonar à morte. Nada a ver com o medo da própria morte, mas com o medo da passagem para o desconhecido. Em geral, chamo a atenção para o fato de que nosso organismo soube nascer – soube atravessar uma passagem fundamental.

Por que não saberia também morrer? Devemos ter confiança no que dentro de nós sabe transformar-se em passagens e sabe vivê-las. Talvez possamos sentir igualmente que tendo sido acolhidos no nascimento poderemos sê-lo também no momento da morte. Essa noção de acolhimento era evocada, frequentemente, por Françoise Dolto[16]. Ela utilizava a expressão "comitê de acolhimento" para falar desses invisíveis (os que morreram antes de nós) que no momento da morte estarão presentes para nos acolher.

Aliás, alguns moribundos afirmam vê-los ao lado de sua cama... Poderíamos pensar que são alucinações. No entanto, trata-se de doentes que não se encontram em estado psicótico ou sob uma medicação particular, circunstâncias que eventualmente justificariam uma alteração qualquer de suas percepções. Neste caso, tal percepção é, sem dúvida, da ordem do *Nous*, do imaginal.

---

16. Neuropsiquiatra e psicanalista francesa (1908-1988) que se dedicou, principalmente, à psicanálise de crianças para a qual – através de seus livros, cursos, entrevistas e programas radiofônicos – chamou a atenção de um vasto público [N.T.].

— *Que medos, que sentimento de culpabilidade, se encontram nos acompanhantes?*

M. de H. – Existem diferentes níveis de sentimento de culpabilidade. Sentimo-nos culpados por continuar vivos, enquanto o outro morre: é aquilo a que se dá o nome de "sentimento de culpa do sobrevivente".

Sentimo-nos culpados por não ter feito tudo para salvar o outro. Isso chega mesmo ao ponto de colocar em causa a qualidade de nosso amor pelo outro: "Se eu o tivesse amado melhor, ele não estaria às portas da morte!" Se o outro morre, isso transforma-se no fracasso do nosso amor por ele.

Existe, é claro, um fantasma de onipotência. Como se o amor pudesse impedir a morte! Para a família o que torna tão difícil a aceitação da morte do outro, o que faz que seja tão difícil dar autorização para morrer, é precisamente esse sentimento de fracasso. Como se "dar autorização para morrer" fosse a tradução de um fracasso do amor! Quando, afinal, trata-se de um último ato de amor: restituir o outro à sua liberdade, ao seu destino.

E depois, às vezes, sentimo-nos culpados por desejar a morte de alguém, de desejá-la quando a agonia arrasta-se indefinidamente. Aliás, como não sentir essa vontade de terminar, esse desejo inconfessável de que o outro morra – que, naturalmente, convive com o desejo de reter o outro um pouco mais? Quando estamos esgotados por noites de vigília, por horas de presença e de tratamentos em um quarto apertado, quando vivemos semanas a fio em uma espécie de bolha ou de parênteses, quando nos sentimos separados de tudo o que constitui a rotina do cotidiano, o trabalho, os amigos, as atividades, para consagrar-nos apenas aos últimos momentos de um ente querido, como não havemos de sentir essa "ambivalência" dos sentimentos? Por um lado, o amor, a ternura, a solicitude, e, por outro, a revolta, a cólera, o esgotamento diante de uma situação que transtorna tudo e, por fim, torna a vida impossível!

J.-Y.L. – Convém, igualmente, levar em consideração o sentimento de culpa e o medo do próprio corpo médico. Cito frequentemente o exemplo da carta que Freud dirigiu a um amigo no momento da morte de sua filha Sofia, que ele sentiu como uma "ferida narcísica irreparável". O mundo médico sente-se culpado pelos limites de sua técnica e foge. Trata-se, verdadeiramente, de uma ferida narcísica, e esse narcisismo ferido é o de uma sociedade que se julga onipotente por causa de seus "progressos".

Portanto, existe, realmente, um sentimento de culpa: o de uma civilização técnica que, diante da morte, atinge seus limites.

M. de H. – Somos confrontados, constantemente, com nossa impotência. Diante da morte que não podemos evitar. Diante da degradação física do outro que desencadeia nele um sentimento de perda de identidade e de dignidade. Diante do desgosto das famílias, do mal-estar daqueles que não sabem aproximar-se, nem comunicar, porque nunca puderam fazê-lo; além disso, em razão do pouco tempo que resta, essa falta de intimidade torna-se, de repente, insuportável.

Diante de tudo isso não podemos grande coisa. No entanto, é exatamente quando um profissional da saúde ou um acompanhante toca seu próprio sentimento de impotência que se encontra mais próximo daquele que sofre. Enquanto não aceitarmos nossos limites, enquanto não assumirmos nossa quota-parte de impotência, não podemos estar realmente perto dos que estão morrendo.

Em vez dessa atitude, construímos toda a espécie de barreiras defensivas. Retemos as lágrimas e retemos nosso desgosto, ocultamos nossa aflição por detrás do ativismo ou de uma enxurrada de palavras superficiais que têm como único objetivo preencher um silêncio que nos causa medo.

E depois, damos uma fugida porque já não aguentamos a situação e vamos "desopilar" lá fora. E, ao voltarmos ao quarto daquele que está morrendo, colocamos de novo nossa máscara de pessoa sólida que tenta injetar força e coragem.

Se, pelo menos, pudéssemos aceitar ser atingidos pelo sofrimento do outro, ficar desarmados diante da morte! Isso humanizaria a relação.

Diz-se que a experiência do luto nos humaniza. Isso é verdade, ela deita-nos abaixo do nosso pedestal narcísico, machuca-nos, humilha-nos, lembra-nos que não somos onipotentes, que tudo passa, tudo muda, que nem sempre teremos ao nosso lado aqueles que amamos. E toda essa dor do luto, contra a qual nos defendemos de todas as maneiras possíveis, acaba por abrir um espaço dentro de nós. Um espaço de pobreza e de fecundidade. Um espaço para amar.

Tenho feito, muitas vezes, a experiência de baixar minhas próprias barreiras diante do sofrimento do outro. Pareceu-me que era assim que eu podia ajudá-lo e reencontrá-lo de verdade. Tal atitude criava como que uma ponte entre ele e eu.

Lembro-me da experiência vivida por uma enfermeira que acabava de acolher em seu serviço uma mulher jovem portadora de um tumor maligno no pescoço. Quando essa mulher perguntou-lhe se ia morrer, a enfermeira sentiu-se como que aspirada para o fundo de um buraco; não sabia o que dizer ou fazer. Seus olhos ficaram rasos de lágrimas, mas não tentou esconder o rosto. Ela não "disse a verdade", mas manteve-se verdadeira! E manter-se verdadeira, nesse instante, era ficar perto de seu sentimento de impotência radical, não fugir, permanecer aí. Foi, então, que ouviu a mulher jovem dizer-lhe: "Tudo bem, já compreendi, obrigada; agora, falemos de outra coisa". A lição desta história é que, ao aceitar sua própria impotência, ela permitiu que a jovem doente enfrentasse a situação.

Mesmo se estamos com saúde e, aparentemente, longe do momento da nossa própria morte, não deixa de ser verdade que somos todos habitados por um sofrimento ontológico: o de saber que somos mortais e que nada podemos contra a morte.

Algumas questões de nossos moribundos aproximam-nos desse sofrimento. Maurice Zundel dizia que, nesses momentos, é impossível não sair de si mesmo. "Somos lançados no coração do outro com tal força que acabamos por identificar-nos com ele. Mas é para viver uma comunhão prodigiosa a qual, conforme se percebe aqui e agora, é infinita e eterna"[17].

Esses momentos de impotência compartilhada são momentos de graça, de bênção. Se não tivermos medo de conviver com eles, criar-se-á, então, entre o outro e nós uma comunhão íntima, um encontro autêntico entre duas pessoas, igualmente desarmadas, diante dessa questão do sofrimento e da morte. E ambas saem engrandecidas desse momento porque, na aceitação da impotência e da pobreza perante a morte, existe uma fecundidade.

– *Numerosos filósofos dizem que é impossível alguém preparar-se para a morte, ou mais exatamente, "aprender a morrer".*

Não será, antes, uma questão de aprender a amar? Aprender a amar no sentido do Cântico dos Cânticos: *aprender a dizer ao outro: "Vai..."?*

M. de H. – Com certeza, aprender a viver é aprender a amar e, portanto, aprender a perder. Evidentemente, tudo isso é indissociável. Mas justifica-se dizer que não podemos "aprender" a morrer, uma vez que não temos qualquer meio de "exercitar-nos". Aprender a amar é aceitar nossos limites, assumir nossa impotência e somente estar presente na aceitação do desenrolar das coisas, do que é. A vida é essa aprendizagem: a aceitação do real.

– *Será que nas tradições existem palavras vivas, como "o contrário do amor é o medo" de São João, capazes justamente de ajudar-nos a amar sem ter esse medo de perder?*

J.-Y.L. – Uma dessas palavras vivas consiste justamente em poder dizer ao outro: "Vai... Vai ao encontro de ti mesmo". É o que Deus diz a Abraão[18]. Aprender a amar é aprender a perder... O que nos ensina a morte que a solidão já não nos tenha sussurrado?

---

17. ZUNDEL, Maurice. *À l'écoute du silence*, op. cit.
18. Cf. Gn 12,1: "Deixa a tua terra, a tua parentela e vai ao encontro de ti mesmo *(lek lekka)*, ao encontro da terra que eu te indicar".

Penso, muitas vezes, na de Lacan segundo a qual "o amor é dar o que não se tem a alguém que não o deseja...". De um ponto de vista psíquico o amor é, muitas vezes, "algo-que-se-tem", mas será que o amor é um "ter"?

Em geral, amamos para sermos amados quando, afinal, a morte nos ensina a amar o outro deixando-o ser um outro, deixando-o ser em sua alteridade. Finalmente, devemos saber perder aquilo a que estamos mais apegados porque é nessa liberdade que conseguimos amar verdadeiramente. É ao soltarmos a vida que amamos apaixonadamente (a nossa) que a amamos mais. Assim, compreendemos que esta vida é "um outro", que "Eu é um outro"; no dia em que formos capazes de permitir ao ser que amamos ir "aonde ele vai", iremos amá-lo melhor... Muitas vezes, os moribundos ficam aguardando nossa autorização. Deveríamos conseguir dizer: "Vai ao encontro de ti mesmo, eu estou contigo...".

Vai ao encontro de ti mesmo (não posso ir em teu lugar...), mas estou contigo (completamente impotente, mas presente...).

Se acontecer amarmos alguém na nossa vida, descobriremos que, se é impossível fazer o bem do outro em seu lugar, podemos mesmo assim estar "com" ele. É claro, ninguém pode viver ou morrer em nosso lugar, mas podemos "estar com" aquele que vive e também "com" aquele que está morrendo..., aquele que amamos. Então, estamos em uma relação de liberdade, na relação de um humanismo verdadeiramente aberto.

O drama de um humanismo fechado é o de recusar essa liberdade ao homem. Compete-nos imaginar que o homem não é apenas condicionado; acreditar que o homem não é apenas condicionamentos.

Certamente, não somos livres em relação à argila ou ao mármore de que somos feitos, mas somos livres em relação à forma que lhes dermos.

6
O ACOMPANHAMENTO: UMA PRÁTICA COMPASSIVA

— Se a carência essencial no meio hospitalar não é tanto a falta de espiritualidade, quanto a falta de humanismo, quais são os atos concretos que, apesar de seus medos e sentimento de culpa, um profissional da saúde ou um acompanhante poderão empreender a fim de ajudarem o moribundo nessa passagem?

Marie de Hennezel – Creio que não podemos grande coisa diante do sofrimento dos moribundos e no momento de sua morte, mas é possível, pelo menos, oferecer nossa presença e nossa atenção.

Nos serviços de tratamentos paliativos dá-se muita importância à qualidade de presença e de ser. O que será possível oferecer humanamente, senão a profundidade de nossa presença e a delicadeza de nossa atenção? É o que, justamente, permite estabelecer a ponte com o moribundo que lhe permite permanecer ligado: ligado a si mesmo, aos outros, ao que o supera. Nesse caso, prestaremos uma imensa atenção à qualidade da presença, à consciência com a qual faremos as coisas. Não será necessário que façamos gestos particulares, mas antes deixar-nos-emos guiar pelo cotidiano dos tratamentos, colocando a ênfase na consciência com que fazemos as coisas. Ocupar-se da higiene de alguém, dar-lhe banho, fazer o tratamento de uma escara, massagear-lhe os pés ou simplesmente mudar sua posição na cama, tudo pode fazer-se com uma noção consciente do que é verdadeiramente a pessoa. Esta não se reduz a um corpo arruinado, perto da decomposição, mas é infinitamente mais do que esse corpo; sejam quais forem as palavras que alguns hão de utilizar – um espírito encarnado em um corpo, um mistério vivo... –, ela é muito mais do que aquilo que vemos.

Se nos aproximarmos dessa pessoa, se olharmos para ela, se tocarmos nela com essa consciência do que ela é, nossa abordagem, nossos gestos, nossos olhares hão de impregnar-se dessa qualidade de confirmação afetiva, de confirmação do outro. É pela nossa maneira de ser que podemos fazer sentir a alguém que ele é mais do que aquilo que nos mostra. Evidentemente, tal postura não exclui as palavras, mas, muitas vezes, estamos habituados a ouvir palavras falsamente tranquilizadoras que estão em completa defasagem com nossa maneira de ser. Ora, a maneira de tocar não engana. É o cotidiano dos tratamentos que oferece a ocasião de encontrar a pessoa, tocando nela. Essa abordagem está bem perto do sagrado.

Quando, por exemplo, fazemos uma massagem do rosto – que não é uma massagem "técnica" ou um tratamento de beleza – que certamente visa a descontração do doente, mas que muito para além disso dirige-se de fato ao "ícone" da pessoa, quando pegamos na mão com respeito e doçura e efetuamos gestos de descontração do rosto, vemos surgir sob os dedos como que uma luz interior. É como se a pele respondesse à mão que se aproxima dela; dir-se-ia que o rosto vem ao encontro da mão, e é tal encontro que dá esse sentimento de irradiação. Trata-se de uma experiência que todo o mundo pode fazer: auxiliar de enfermagem, enfermeira, assim como os familiares. Algo de tão simples como isso pode não só proporcionar ao moribundo um apaziguamento, mas também, ainda mais profundamente, o sentimento de ser restituída à sua beleza íntima que nada tem a ver com o corpo objetivo.

Nesse caso, cuidar do corpo de um moribundo pode ser vivido como uma tarefa sagrada! Uma qualidade de tocar, plena de respeito e de ternura, é um equivalente simbólico do óleo que as tradições utilizavam para indicar a dimensão transcendental do corpo.

Portanto, existe essa maneira de tocar no outro como se estivéssemos tocando no próprio Deus ou no Bem-Amado. E depois, há tudo o que se pode fazer para criar uma atmosfera de calma, propícia à paz do espírito e à alegria interior. A música sacra, o incenso, uma vela acesa em cima do criado-mudo. Todos esses pequenos detalhes contribuem para suscitar um clima de calma. A tradição budista atribui uma importância muito grande a essa necessidade de calma e de atmosfera tranquila em redor do moribundo. Mas também pode-se criar a calma sem tudo isso, simplesmente com uma presença viva, plena de atenção, silenciosa, respeitadora. É claro, quanto mais apegados estivermos a alguém, maior será nossa recusa em relação à sua morte, e tanto mais difícil será permanecer aí com uma presença aberta e calma. Tanto mais difícil será velar a agonia de um ente querido nessa comunicação sutil de alma a alma ou de coração a coração.

Quando nos deixamos arrastar por nossas próprias emoções e por nosso próprio desgosto, como será possível permanecer aí calmamente e ajudar o outro a partir?

– A fim de poder oferecer ao moribundo esse clima de paz – tão recomendado pela tradição budista – conjugado com uma qualidade de presença, o acompanhante não deverá ter atingido o equilíbrio interior e o domínio de suas emoções? Mas o ensinamento budista a respeito do "desapego" que permite alcançar essa atitude não poderá vir a ser mal-assimilado por um ocidental e, nesse caso, transformar-se em simples "indiferença"?

Jean-Yves Leloup – O desapego ou "não apego" sem a compaixão é, efetivamente, a indiferença. Eis a razão pela qual na autêntica tradição budista – na verdade, muito próxima da tradição cristã –, o não apego é uma condição para que a compaixão seja real; é uma das condições do amor. Os Padres do deserto dizem que o amor nasce da calma...

Por expressar isso, eles utilizam a palavra *hesukhia* que é equivalente a *shanti* em sânscrito, a *shalom* em hebraico e a *quies* em latim: amar um ser é ter o espírito apaziguado, a fim de permitir-lhe ser o que é no momento em que está. Essa noção de calma junto de alguém que sofre é tão extremamente importante na tradição hesicasta, a dos Padres do deserto, como entre os monges ocidentais.

Todavia, se o não apego sem a compaixão torna-se efetivamente indiferença, por que existe em certos rituais cristãos uma forma de dramatizar a morte, por exemplo, com carpideiras etc.? O objetivo é "exteriorizar" o sofrimento que nos habita. No judaísmo, as pessoas chegam a "arrancar os cabelos" ou rasgar a roupa a fim de lembrar que, do ponto de vista social e pessoal, tem de ser efetuado um trabalho de luto[19]. O que os gregos designavam por "catarse", antes de alguém entrar na calma da aceitação.

– Será que é possível identificar verdadeiramente o que é a compaixão quando existe uma confusão frequente entre a compaixão e a piedade? Qual é a significação desses dois termos? E qual é a diferença fundamental entre eles?

J.-Y.L. – A etimologia da palavra "compaixão" indica a união da preposição "com" + "paixão" do verbo padecer. Atualmente, ao falarmos de paixão, pensamos logo em paixão amorosa quando, afinal, a etimologia profunda significa "estar com". A compaixão consiste em não ter medo do sofrimento do outro e assumi-lo dentro de si. Não para conservá-lo ou comprazer-se nele; caso contrário, cairíamos no masoquismo e na complacência!

A palavra "piedade", por sua vez, encontra-se no *Kyrie eleison* que significa literalmente: "Senhor, envia Teu Sopro, envia Tua Misericórdia". Quanto à palavra "misericórdia", é colocar nosso coração na miséria do outro. Permanecer humano e sensível.

Mas, o termo "piedade" implica, em francês, uma certa condescendência. Atualmente, essas palavras são difíceis de empregar; por isso, em certos meios, preferem utilizar palavras menos usadas, menos gastas, como "compaixão". Além disso... tem um leve sabor oriental.

Mas o importante continua sendo a experiência de uma abertura do coração ao que o outro está vivendo, sem se deixar submergir por tais emoções.

---

19. Cf. Livro de Jó 2,11.

M. de H. – Pessoalmente, observo uma diferença muito importante entre a palavra "piedade", tal como é utilizada em nossos dias, e a palavra "compaixão". Na piedade, existe o muro de uma defesa contra o seu próprio sofrimento; não estamos em contato com nosso próprio sofrimento de ser humano. Somos aquele que está com saúde, em posição de força, diante de quem está desarmado e sofre... Fala-se de "calor profissional". Essa expressão reenvia a uma atitude muito defensiva. Conviria estar atento, ser caloroso com alguém que sofre, mantendo, ao mesmo tempo, a posição de domínio!

Essa atitude pode derivar, rapidamente, para algo de insuportável para o doente porque se trata realmente de uma forma de piedade. Em compensação, se esse calor estiver enraizado no que, dentro de nós, é atingido e sofre por ver o outro sofrer, se esse calor não se abrigar por detrás de defesas profissionais, então, não somos animados pela piedade.

J.-Y.L. – O termo "piedade" tornou-se uma palavra "mental" que coloca o outro como se fosse um objeto exterior. Ora, na origem é a misericórdia e, ainda mais profundamente, a "matriz". André Chouraqui traduz "Bem-aventurados os misericordiosos porque alcançarão misericórdia" por "Bem-aventurados os matriciais porque serão matriciados". Trata-se de escutar alguém com as próprias entranhas, recebê-lo e transportá-lo no ventre.

O sofrimento do outro tem de ser "digerido", uma vez que está no nosso ventre; às vezes é um golpe que recebemos e, nesse caso, temos de transportar esse sofrimento como uma criança.

O sentido profundo da palavra "piedade" é ter acesso a essa qualidade "matricial"; não ouvimos o outro apenas com a cabeça ou com o coração, mas com as "entranhas". Não somos movidos somente pelo sentimento ou pela emoção, mas transportamos o sofrimento do outro para que seja "engendrado" de sentido.

M. de H. – Transportar o outro é também ter confiança no que, dentro dele, é capaz de transportar esse sofrimento. No sentido deformado da utilização moderna, como Jean-Yves Leloup acaba de explicar, a palavra "piedade" veicula ainda a ideia de que o outro não possui em si a capacidade para enfrentar e aguentar o que lhe acontece.

– *Evoca-se, frequentemente, a dificuldade em viver o "tempo do morrer" por parte da família, dos acompanhantes ou do próprio doente. O fator tempo traduz-se, então, em termos de paciência. Será que essa paciência pode ser facilitada pelo estado de confiança?*

M. de H. – Essa noção de paciência deve ser ligada ao respeito pelo tempo da agonia, pelo ritmo próprio de cada um. Se pensarmos verdadeiramente que a abordagem da morte é um verdadeiro trabalho, um trabalho interior, que é necessário dar-lhe o seu tempo, tal postura ajudará, sem dúvida, a ter paciência. E esse trabalho interior continua até mesmo no coma.

É verdade que esse tempo é muito penoso para os acompanhantes, mas deve ser respeitado porque é essencial para quem o vive. Estou me lembrando desse homem que há três meses se encontrava em coma – coma natural, não induzido por via médica... A família começava a ficar impaciente, ninguém compreendia tal situação. Viemos a descobrir que esse homem tinha uma filha de catorze anos, do primeiro casamento, e que a mãe impedia a moça de ir visitar o pai com receio de que ela ficasse transtornada. Ao ter conhecimento do fato, conseguimos persuadir a mãe para que deixasse vir a adolescente. Então ela acabou passando uma tarde junto do pai, falando-lhe, participando dos tratamentos com a auxiliar de enfermagem. E ele morreu nessa noite... É claro que estava realmente à espera desse encontro. Portanto, deve-se absolutamente respeitar esse tempo porque é um tempo que tem sentido.

J.-Y.L. – O tempo da paciência é um tempo particular, o tempo intermediário: entre o tempo dos vivos com seu ritmo rápido e o tempo do eterno, do não tempo.

Em uma cama de hospital, a doença coloca-nos verdadeiramente nesse tempo; um tempo em que se tem tudo o que é necessário para enfrentar a provação do momento presente, mas nada para enfrentar o que vem depois. Não se trata somente de dar tempo ao tempo, mas antes de dar paciência, abertura, ao tempo.

– Uma vez que não aprendemos a morrer, será que temos de aprender a viver plenamente o tempo presente e, inclusive, o instante presente?

J.-Y.L. – Com certeza, devemos passar do tempo *chronos* que nos devora (o tempo dos relógios) para o tempo *kairos* que nos desperta (o instante, o instante propício). Já não temos o tempo de "vir a ser", mas o tempo de Ser, na intensidade do instante. Já não temos tempo, mas instantes... para viver; instantes favoráveis, *kairos*.

M. de H. – Observa-se que aqueles que vivem demais no passado ou no futuro não estão em paz. É um fator de angústia. O retorno ao passado implica a nostalgia, o remorso pelo que não se fez ou viveu, e a projeção no futuro é, evidentemente, fonte de angústia uma vez que a pessoa está perfeitamente ciente de que já não tem futuro. No fundo de si mesma, ela sente perfeitamente que a única saída é viver o presente. É algo que se conquista, para o qual se vai quase forçado uma vez que é a única saída.

O estreitamento do universo do moribundo, a ausência de solicitações, de estímulos (ficar meses a fio em uma cama do mesmo quarto, ter sempre o mesmo horizonte...) só se tornam toleráveis para quem vive plenamente o que se apresenta a cada instante.

Um exemplo impressionante é o de Jean-Dominique Bauby quando ficou confinado em seu "escafandro"[20]. Sentimos perfeitamente que, apesar de todo o seu humor, a evocação do passado de-

---

20. Cf. Bauby, Jean-Dominique. *Le Scaphandre et le papillon*. Paris: Robert Laffont, 1997. Depois de um acidente vascular cerebral, o jornalista Jean-Dominique Bauby – ex-redator-chefe da revista *Elle* – foi atingido pela doença batizada pela medicina de *locked-in syndrom*, ou seja, uma paralisação completa, dos pés à cabeça, que obriga o paciente a ficar trancado, literalmente, em si mesmo, sem nenhuma possibilidade de contato externo – a não ser, no seu caso, os batimentos da pálpebra esquerda. Com esse movimento, fez com que sua assistente identificasse as letras do alfabeto que lhe eram ditadas; assim, foi formando palavras, frases, até conseguir escrever *O escafandro e a borboleta* [N.T.].

sencadeia nele um desgosto e uma nostalgia do que perdeu. No entanto, não pode projetar-se no futuro porque está suficientemente lúcido para não tomar tal atitude. Então, vive de forma extraordinária o instante presente, como um ser de percepções, de sensações, embora esteja completamente paralisado. Todas as pequenas coisas do cotidiano são habitadas por uma intensidade e presença inauditas.

No final de contas, creio que, ao aproximar-nos dos últimos instantes, tornamo-nos contemplativos.

– Do mesmo modo que essa capacidade para viver o instante presente parece ser essencial para o moribundo, assim também a família e os acompanhantes têm de realizar esse trabalho. Será que é mais difícil para eles?

M. de H. – É, evidentemente, muito difícil para os acompanhantes porque não estão vivendo o mesmo tempo. Se o moribundo se encontra em um tempo particular, um tempo suspenso, em compensação, os acompanhantes vivem um tempo cronológico (com um passado, um presente e um futuro).

Um dos obstáculos à comunicação com um moribundo é justamente o fato de não estarmos vivendo o mesmo tempo. Eis um exemplo dessa defasagem: muitas vezes, os profissionais da saúde sentem-se frustrados pela falta de tempo para se dedicarem devidamente a um doente quando, afinal, se aprendessem a viver melhor esse *kairos*, isto é, a estar verdadeiramente aí com o outro durante o pouco tempo de que dispõem, ficariam então em coincidência com o tempo do doente e já não teriam esse sentimento de frustração.

J.-Y.L. – O presente é algo de muito físico. Temos de fazer uma longa viagem para chegar junto dele; ora, algumas vezes nosso corpo é essa "terra onde nunca se chega". Mas de uma certa maneira a proximidade da morte obriga-nos a estar aí em nosso corpo. Trata-se de responder à seguinte questão: "Como estar absolutamente 'aí', sem ficar confinado nesse 'aí'?"

– Será que essa presença, aí, no instante presente, é algo que pode ajudar o moribundo a relaxar-se?

M. de H. – Lembro-me de uma mulher que passava por uma crise de angústia profunda. Agarrava-se a mim, e eu poderia ter sido arrastada no turbilhão dessa angústia. Nunca tinha sentido de forma tão evidente até que ponto a presença (presença calma, aberta, contida) tinha virtudes apaziguadoras. Sentia muito concretamente que a minha presença a envolvia como uma espécie de pele protetora e impedia o extravasamento da angústia. Ao cabo de um momento, ela adormeceu. Permaneci aí, velando-a como uma mãe teria velado uma criança de peito adormecida; depois ela acordou e contou-me o sonho que tinha tido. Era noite, e ela encontrava-se em um barco sacudido por um mar sombrio e agitado, mas o barco era sólido e servia-lhe de proteção; apesar da tempestade, ela sentia-se em segurança. Este sonho constitui uma bela forma de ilustrar o que se passa no acompanhamento. Não podemos impedir a angústia do outro, mas podemos contê-la e transmitir o sentimento de que, apesar de tudo, lhe servimos de proteção. O que, talvez, lhe permita relaxar-se.

J.-Y.L. – No que me diz respeito, penso muitas vezes no brinde que podemos dar a alguém, sentando-nos ao seu lado, silenciosamente, com uma respiração calma. Mas também é importante dizer uma palavra que permita à pessoa não se identificar com a soma de seus atos passados, uma palavra de perdão. A palavra que, pessoalmente, gostaria bastante de ouvir no dia de minha morte é a da primeira epístola de São João que já citei: "Se teu coração te condena, Deus é maior do que teu coração". O drama do homem contemporâneo, como é lembrado por Paul Ricoeur, é "que ele não tem consciência maior do que a sua própria consciência". Quem não gostaria de ouvir uma palavra que lhe lembrasse: "Se teu coração te condena, se tua consciência te condena, se teu sofrimento te condena, se teu diagnóstico te condena, existe dentro de ti algo maior do que tu, mais amante do que tu; existe dentro de ti uma realidade que te perdoa".

– *Na prática, como é que a compaixão pode ser vivida no cotidiano dos tratamentos, como deve ser nosso procedimento para não nos deixarmos arrastar pelo sofrimento do outro?*

M. de H. – Essa questão de como ser compassivos sem nos deixarmos arrastar pelo sofrimento do outro suscita a questão do que chamamos o "distanciamento certo". Nem perto demais, nem longe demais. Como havemos de permanecer presentes sem nos identificarmos com o sofrimento do outro ou nos sentirmos absorvidos por ele, ou sem construirmos barreiras defensivas que impedem o encontro e empobrecem a relação?

É possível estar muito próximo de quem sofre, em uma abertura, uma ressonância íntima e, no entanto, conservar um distanciamento certo. Este é, então, um distanciamento interior em relação a nossos próprios afetos, um distanciamento entre eu mesma e não um distanciamento entre o eu e o outro. Esclareço melhor meu ponto de vista: não se trata tanto de uma técnica, mas de um trabalho interior. Na medida em que não temos medo de frequentar nossos momentos de luto, de ruptura, de crise, na medida em que trabalhamos no interior de nós mesmos essa questão da perda, talvez venhamos a nos tornar mais sensatos e mais confiantes na impermanência da vida. Aprendemos a entrar no silêncio e na calma interiores, nesse lugar profundo em que podemos deixar passar os medos, as emoções, esse espaço de paz que existe também no outro, embora obscurecido nesse instante.

Então, podemos permanecer perto daquele que está mergulhado no âmago de sua aflição, sem mergulhar com ele, tendo confiança no próprio movimento das coisas que o levará a atravessar a própria noite.

Essa atitude sublinha, uma vez mais, a necessidade de um trabalho pessoal antes de nos empenharmos no acompanhamento. E é seguro que, enquanto os profissionais da saúde e todos os que podem ser levados a acompanhar um ente querido não tiverem iniciado esse trabalho que consiste em frequentar seus próprios medos e feridas, em encará-los com toda a honestidade, em ter a ousadia de compartilhá-los, em sentir também como podem evoluir por intermédio de tais medos e feridas, não terão outra escolha além de estabelecer estratégias defensivas diante do moribundo. Isso é compreensível na medida em que está em jogo sua sobrevivência psíquica! Mas tais estratégias não passam de esboços. Acabamos por nos desgastar ao reforçá-las constantemente, sobretudo, quando tomamos consciência do empobrecimento trágico que elas implicam no plano da relação humana.

– *Seja qual for a tradição evocada, budismo ou judeucristianismo, a compaixão é onipresente. E vemos até que ponto é importante, para sermos compassivos, não nos deixarmos "arrastar" pelo sofrimento do outro.*

Será que nas diferentes tradições existe um ritual particular para ajudar o acompanhante a encontrar esse equilíbrio?

J.-Y.L. – É claro, cada tradição tem o seu ritual. Mas o que é interessante nas tradições orientais é que elas elaboraram práticas que nos permitem ir ao encontro de nosso centro, ficarmos bem-assentes em nós mesmos. Como será possível "estar com" alguém sem confusão? Como havemos de conservar um bom distanciamento? Como evitar tanto a fusão, quanto a separação? É a respiração que pode ajudar-nos a encontrar esse equilíbrio. E mais particularmente a atenção prestada à nossa própria respiração. Não será, porventura, a respiração o que nos liga uns aos outros sem nos confundirmos? Um bom exemplo de uma prática que permite ser compassivo, sem nos deixar arrastar pelo sofrimento do outro é a prática budista de *Tonglen*.

Em redor da pessoa que sofre, sabemos até que ponto é importante evitar qualquer tipo de perturbação. Perturbações provocadas não só por meio de nossos ruídos ou emoções, mas também por nossos próprios pensamentos. Como, então, havemos de acolher o sofrimento do outro sem medo, não para conservá-lo e comprazer-nos nele, mas para transformá-lo? Como carregar algo do fardo que o outro está em vias de viver e comunicar-lhe um pouco de paz e de compaixão? A palavra *Tonglen* significa dar e receber. Esse movimento de acolhimento e de dádiva faz-se em uma presença à nossa própria respiração.

– *Poderia dizer-nos em que consiste essa prática?*

J.-Y.L. – Trata-se de uma prática ligada à respiração. Em primeiro lugar tenho de depor meus medos, minhas tensões, meus fardos de fadiga. Em seguida, durante a inspiração, acolho o sofrimento do outro. Na expiração não conservo tal sofrimento que não me pertence, eu o reenvio, confio-o de alguma forma a algo maior do que eu. E depois, inspiro de novo luz, força e paz para orientá-las em direção do doente que acompanho. Opera-se, então, uma transfusão de serenidade. Mas essa serenidade não pertence a quem a dá. Passa através dele e vem do ou dos que ele invoca junto do moribundo. Poder-se-ia dizer que, nesse momento, o acompanhante é, por sua vez, acompanhado. Para alcançar tal vivência, pode visualizar o que no contexto budista se chama uma divindade, uma representação benevolente.

M. de H. – É o que fazem também alguns cristãos sempre que rezam ou invocam a ajuda de um santo, da Virgem Maria ou de seu anjo da guarda. Ou quando fazem apelo à comunhão dos santos que é uma espécie de solidariedade invisível.

J.-Y.L. – Com efeito, trata-se de fazer apelo às grandes imagens, aos grandes arquétipos que, porventura, habitaram o inconsciente espiritual do doente. Mas isso não é forçosamente necessário. O essencial é não acrescentar nosso sofrimento pessoal ao sofrimento do moribundo. Importa, como afirma Françoise Dolto, permanecer sem angústia diante da angústia do outro... Mas, essa dádiva pressupõe que o acompanhante esteja em paz com suas próprias angústias. Pessoalmente gosto muito da expressão "transfusão de serenidade". Essa prática é um verdadeiro apaziguador. Tranquiliza o pensamento, e o simples fato de respirarmos com calma ao lado de alguém que sofre pode ajudá-lo consideravelmente. Existe uma passagem de respiração para respiração, de coração para coração, de inconsciente para inconsciente. Trata-se muito mais de uma qualidade de ser do que de uma competência particular.

Aliás, convém saber que ela nem sempre é oferecida pelo acompanhante; mas, às vezes, nos é dada por aquele que está morrendo. Muitos moribundos têm uma delicadeza em relação a nós que estaríamos longe de imaginar. Além de evitarem mostrar seu sofrimento, a fim de não nos fazerem sofrer, ainda por cima eles nos ajudam.

7
REENCARNAÇÃO, RESSURREIÇÃO OU REANIMAÇÃO?

Esperanças e confusões

– *A maioria dos ocidentais sentem uma grande atração pela noção de carma e de reencarnação. Neste ponto, haverá alguma diferença entre o Oriente e o Ocidente?*

Jean-Yves Leloup – Exercendo uma forte atração sobre muitos ocidentais, a noção de reencarnação é verdadeiramente algo que causa medo a um oriental. Um velho sábio dizia a alguns ocidentais muito preocupados em reencontrar suas vidas passadas ou descobrir suas vidas futuras: "Desejais conhecer vossas vidas passadas? Observai o momento presente porque ele é o resultado, a consequência de vossas vidas anteriores. Desejais conhecer vossas vidas futuras? Observai o momento presente porque ele é a causa do que virá depois. Trabalhai a partir do instante presente".

Estamos no âmago da própria definição de carma que é o encadeamento de causas e efeitos. Segundo os atos realizados, as consequências serão nefastas ou positivas. Se, por exemplo, praticamos atos positivos nesta vida, eles terão consequências positivas, já nesta vida, mas igualmente no que pode perdurar do ser humano.

Sentimos perfeitamente que, por detrás da questão da reencarnação, uma outra questão obceca o homem desde o começo da humanidade: a da justiça. Por que os crápulas, os malvados prosperam, enquanto os justos e os santos são infelizes?

Essa noção de reencarnação, de carma, de encadeamento de causas e efeitos resulta, em um certo nível de pensamento, do esforço produzido pela humanidade para conferir sentido ao que lhe acontece, especialmente, aos acontecimentos mais absurdos.

Na Índia, dir-se-á que a crença na reencarnação é uma crença popular, um *upaya*, "meio hábil" de explicar, conferir sentido ao sofrimento que nos acontece e, ao mesmo tempo, assumir que somos responsáveis por ele. Essa noção torna o homem responsável por seus atos e, assim, pode ajudá-lo a evoluir.

Portanto, não se trata de rejeitar *a priori* essa crença, mas antes de considerá-la como uma etapa em uma maturação, em uma reflexão do pensamento, nesse esforço empreendido para conferir sentido aos acontecimentos de nossa vida.

– *E a Ressurreição?*

J.-Y.L. – Na tradição da Índia, a distinção é bem nítida entre as palavras "reencarnação" e "ressurreição".

Para um hindu, particularmente para um sábio, o objetivo derradeiro é realmente a ressurreição. Aliás, em sânscrito, as duas palavras são distintas.

Existe *punar janmam*, isto é, "aquele que está de volta", aquele que não completou seu ciclo, que ainda está apegado à matéria, ao espaço-tempo, que não entrou na pura luz, que não está unido ao Self; e *Dvija*, aquele que nasceu uma segunda vez, que nasceu de novo, que nasceu do alto. Reencontramos, aqui, a expressão evangélica *anothen*: "nascer do alto".

Sendo assim, tanto na tradição hindu como na tradição cristã, é essencial ressuscitar antes de morrer!

Não se trata de ressuscitar depois da morte... O próprio Jesus tinha ressuscitado "antes" de morrer. O termo evangélico "vida eterna" explica isso muito bem: se existe a vida eterna, ela o é antes, durante e depois! A vida eterna é a dimensão de eternidade que habita o próprio âmago de nossa vida mortal.

Ainda na tradição da Índia, observa-se que existem seres que continuam vivendo no mundo da reencarnação (a "re-en-karmação"), no momento em que outros já se encontram despertos para essa dimensão de si mesmos a que se pode dar o nome de "vida eterna", o não temporal. Estes já estão ressuscitados.

Reencarnação e ressurreição são duas palavras distintas e, se é verdade que a tradição cristã insiste mais sobre a noção de ressurreição, tal fato não é motivo para interpretarmos a palavra "ressurreição" como uma reanimação!

Por exemplo, Lázaro não ressuscitou, mas foi reanimado...

Nesse plano, direi que a ciência contemporânea utiliza o mesmo procedimento de Jesus: ela "reanima" muitas pessoas. No entanto, para numerosos cristãos, persiste uma certa confusão. Confusão que os leva a transformar o Cristo em uma espécie de zumbi, isto é, alguém que teria sido enterrado e cuja informação, depois de tê-lo abandonado, reanima de novo seu corpo; em seguida, esse corpo sai do túmulo e aparece em diferentes lugares, provocando pânico ou encantamento! Ora, o Cristo não foi reanimado, mas ressuscitou!

Elevou-se para determinada "faixa de onda", passou da velocidade da matéria para a velocidade da luz, e essa luz pode, então, condensar-se a fim de animar uma outra matéria com o objetivo de tornar-se presente. Presente aos peregrinos de Emaús, a Míriam de Mágdala etc.

Essa "faixa de onda" tem a capacidade de entrar em comunicação com pessoas que ainda estão na matéria.

Não estou inventando nada, uma vez que limito-me a citar São Paulo na primeira epístola aos Coríntios (15,35) quando responde a esta pergunta: "Com que corpo ressuscitam os mortos? – responde – Insensato! Existem diferentes espécies de corpos. Há corpos terrestres e corpos celestes...".

Somos semeados como corpos psíquicos (Paulo utiliza a palavra "psique" para o corpo psicossomático, corpo composto que será decomposto, que irá tornar-se um cadáver), mas ressuscitamos como corpo espiritual, "pneumático", corpo de Sopro.

Quando se fala de um corpo, é essencial esclarecer que um corpo é uma alma viva, uma alma encarnada. Um corpo que não fosse uma alma encarnada não passaria de um cadáver. Paulo diz-nos que começamos por ser essa matéria animada, mas que esta é destinada a tornar-se "pneumática".

O primeiro homem é psíquico, feito da terra, é terreno, enquanto o segundo vem do céu – nasce do alto –, ressuscitou. Se a ressurreição é verdadeira, ela é tão verdadeira para um hindu quanto para um cristão ou para um ateu. O que é verdadeiro, é verdadeiro para qualquer ser humano.

Esses textos dizem-nos não só que o homem é um composto de matéria e psiquismo, um composto de memórias, que ele tem um código genético e que tudo isso será decomposto, mas que há nele um Sopro que o anima, que o habita; e que até mesmo, no momento em que se retira, esse Sopro é capaz de animar um outro tipo de matéria que escapa às leis da nossa gravidade. Eis a razão pela qual o Cristo, em seu corpo ressuscitado, pode passar através das paredes.

Poderíamos citar o exemplo de Tomé[21] que mostrou desejo de tocar nas chagas de Jesus. Este convida-o a constatar que o que Ele encarnou em seu corpo físico perdura depois que esse corpo físico foi enterrado. Mas se lermos o texto com mais atenção, apesar do convite... Tomé não chegou a tocar nas chagas!

Jesus dirá também a Maria Madalena: "Não me retenhas". Com efeito, se ela procurasse retê-lo na forma física em que o tinha conhecido, correria o risco de negligenciar a dimensão pneumática que Ele também encarnou[22].

---

21. Cf. na Coleção Unipaz, *O Evangelho de Tomé*, comentado por Jean-Yves Leloup, Petrópolis, Vozes: 1997.
22. Cf. o Evangelho copta do século II, atribuído a Míriam de Mágdala. Traduzido e comentado por Jean-Yves Leloup, édition Albin Michel, 1977 [*O Evangelho de Maria, Míriam de Mágdala*, Petrópolis: Vozes, 1998 (N.T.)].

Muitos cristãos não acreditam na ressurreição, mas na reanimação do Cristo. Não vejo o interesse de acreditar em um "zumbi".

Eles passam ao lado da possibilidade que lhes é oferecida de despertar, ainda nesta vida, em seu corpo mortal, em seu corpo psíquico, para seu corpo pneumático. De despertar para esse Sopro misterioso que nos é dado em cada inspiração e que devolvemos em cada expiração.

Existe algo de imperceptível dentro de nós, do qual nos vem a vida e para onde retorna a vida, e nós somos chamados a fazer essa experiência.

Reencarnação, reanimação, ressurreição..., são palavras que se tornaram hoje fonte de confusão.

Em todos os casos, podemos dizer que, tanto no cristianismo, como no hinduísmo ou no budismo, o objetivo não é a reencarnação, mas a ressurreição.

Todavia, enquanto não tivermos feito a experiência espiritual do "pneuma", permaneceremos no mundo do espaço-tempo; e, como dizia René Guénon, neste caso, desejamos prolongar nossa ilusão no tempo, nas vidas passadas e nas vidas futuras.

Na tradição budista, fala-se de verdade relativa e de verdade absoluta. A reencarnação faz parte das verdades relativas, isto é, das realidades explicativas, enquanto a ressurreição faz parte da realidade absoluta.

Mas é verdade que se trata de uma noção difícil de abordar, enquanto nós próprios não tivermos entrado no âmago de nosso corpo psicossomático, ou seja, nesse corpo pneumático.

Marie de Hennezel – O que acabou de dizer parece-me essencial. Se o movimento dos tratamentos paliativos e do acompanhamento dá tanta importância ao fato de que a pessoa permaneça um "vivo" até o fim, é precisamente por pressentir – nem todos, talvez, saibam que esse pressentimento enraíza-se em uma intuição milenar – que a verdadeira morte estaria nessa identificação passiva com a biologia. O além não deve ser procurado em um além do tempo, mas no interior de cada um, em uma transformação, em uma transmutação do "eu" que não pode ser vivida a não ser em uma radical interiorização, como é afirmado por Maurice Zundel[23]. É pela nossa transformação, pela libertação de nossas dependências, que podemos "criar nosso verdadeiro corpo".

– *Será que pode esclarecer um pouco mais o que entende por "experiência pneumática"?*

J.-Y.L. – Parto de uma experiência que fiz, há alguns anos, e que, de alguma forma, me "abriu". Trata-se de uma experiência de "morte clínica"[24]. Essa experiência permitiu que eu deixasse de identificar-me com o meu corpo psicossomático. Tomei consciência de que eu era esse corpo psicossomático, que estava submetido a um certo número de encadeamentos de causas e efeitos; no entanto, havia dentro de mim algo que escapava a essa lei da causa e do efeito, e a que São Paulo dá o nome de "corpo pneumático". Por sua vez, as tradições da Índia falam de "novo nascimento".

Estou pensando nessa bela afirmação de Ramana Maharshi a quem foi formulada esta pergunta: "Para onde irá o senhor depois da morte?" No momento em que todo o mundo esperava uma informação sobre as vidas após a morte, ele respondeu simplesmente: "Depois da morte irei para onde sempre estive. Irei para onde estou".

---

23. "É, evidentemente, a partir daí que o problema da morte se coloca e, ao mesmo tempo, se resolve. No entanto, nada é mais surpreendente do que este fato: o eu não é colocado em questão pela imensa maioria dos homens que o consideram como algo de incontestável. Disseram "eu" e "mim", desde os dois ou três anos de idade, antes de terem feito qualquer escolha, e é sempre a partir desse "eu" e "mim" pré-fabricados que lançam os alicerces de sua vida. É sempre em torno desse "eu" infantil que se estabelecem suas reivindicações e defendem com unhas e dentes um "eu" que lhes caiu em cima, do qual não são, de modo algum, os autores e que, pelo contrário, fixa o limite de seu crescimento e é o obstáculo essencial à constituição de sua personalidade. É precisamente a partir de uma refundição radical desse eu-objeto que devem realizar-se a transfiguração e a transmutação que nos arrancam à morte e são o prelúdio de nossa ressurreição" (Zundel, Maurice. *À l'écoute du silence*, op. cit.).
24. Cf. LELOUP, Jean-Yves. *L'Absurde et la grâce*. Paris: Albin Michel, 1991.

Mas somos seres psíquicos, com um cérebro que funciona em sistema binário, um cérebro que compreende apenas as leis da causa e do efeito, e para muitos contemporâneos a reencarnação é o próprio tipo de explicação que diante das injustiças e do sofrimento pode satisfazê-los e apaziguá-los.

Portanto, não se trata de ser a favor ou contra a reencarnação, ou até mesmo a favor da ressurreição e contra a reencarnação, mas compreender que, na nossa evolução, na nossa maneira de justificar o que nos acontece, se temos explicações para o que nos acontece, se temos explicações de tipo psíquico – a explicação pela reencarnação infunde-nos segurança –, podemos viver, igualmente, experiências que nos abrem o coração, que abrem nossa inteligência para uma outra dimensão e nos colocam em uma outra faixa de onda. Desde então, caem todas as explicações pela reencarnação porque deixam de ser úteis. Compreende-se melhor que Guénon, na esteira das grandes tradições, possa dizer que as explicações pela reencarnação fazem parte das verdades relativas e não da verdade absoluta.

No entanto, uma vez que estamos no relativo, aceitamos ter explicações relativas sem ficarmos confinados nelas e, sobretudo, sem transformá-las em dogmas!

Alguns ocidentais (que não têm o inconsciente coletivo dos hindus ou dos budistas) fazem da reencarnação uma espécie de dogma. Então, passam ao lado do espírito no qual essas doutrinas foram elaboradas, aliás, bastante tardiamente[25].

– *Essa "ressurreição" foi, portanto, possível graças a uma experiência de morte clínica. Será esse o único meio?*

J.-Y.L. – Espero que não! Não se deveria, de modo algum, confinar alguém em uma experiência pessoal, mas para o incrédulo, o ho-

---

25. A esse propósito, lembremos o belo livro de Alain Daniélou, *La Fantaisie des dieux*, publicado pela editora Fayard, no qual ele nos diz que essa doutrina da reencarnação é, efetivamente, uma doutrina tardia. No vedismo, nas tradições antigas, esse tema não era abordado; o objetivo era a *anastasis*: o nascimento, no âmago de nosso ser terrestre, para a nossa dimensão celeste a que será dado o nome de "ressurreição".

mem desesperado que eu era, essa abertura do meu ser psíquico para uma outra dimensão passou por essa experiência. Foi para mim o começo do que poderíamos chamar de uma busca espiritual. A partir daí dei-me conta de que existia uma realidade diferente da realidade espaçotemporal. Se, a meu ver, a meditação é tão importante é porque, ao meditar, tento reencontrar o eco desse estado conhecido, durante a morte clínica, reencontrar a "clara luz". Mas, a palavra "luz" é, por sua vez, uma metáfora porque a luz que conhecemos é o oposto da obscuridade quando, afinal, trata-se aí de algo que se situa para além do dia e da noite, para além dos contrários, para além do sistema binário!

Aliás, nem é possível falar dessa forma porque, desde que nosso cérebro se exprime, ele fala tomando por base o sistema binário!

Todavia, não é absolutamente necessário chegar a tais extremos para fazer a experiência de nossa dimensão "pneumática" ou espiritual. Basta ser profundamente humano. Talvez seja necessário simplesmente sentar-nos, acalmar nossos pensamentos, nossas emoções, nosso corpo e abrir nosso ser psicossomático para essa dimensão do "corpo de glória", do corpo ressuscitado que já está em vias de germinar em cada um de nós. Abrir nossa lentidão para o infinitamente leve.

O tempo da vida, o tempo de nosso corpo físico talvez seja o casulo no qual se prepara a borboleta que somos. Algumas vezes, percebemos em nosso corpo a "coceira das asas"... São momentos de contemplação, de beleza. A lagarta que somos já entende palpitar a borboleta que também somos, e acontece que nos sentimos apertados nesse corpo, sentimos a limitação das palavras, de nossas pequenas emoções, de nossos pequenos amores...

Como relato no livro *L'Absurde et la grâce*, em determinado momento da minha experiência pessoal, o pássaro como que saiu da gaiola, dessa forma que lhe causava sofrimento demais, que o aprisionava, e depois foi como se o "voo" saísse do pássaro!

Quando evoco esse voo que deixa o pássaro, quero dizer que restava apenas o espaço e, nesse sentido, eu só podia ficar calado. Em seguida, poderei, de novo, utilizar palavras, falarei de luz etc. Mas é que, nesse momento, o voo já tinha voltado ao pássaro e este já estava, de novo, na gaiola...

Então, ele relata. Relata o que é inefável...!

M. de H. – Você emprega com frequência a palavra "sentir". Pessoalmente, creio que não é absolutamente necessário fazer a experiência de uma morte iminente ou de uma morte clínica para "sentir" que não nos identificamos com o nosso futuro cadáver, mas que somos, de fato, uma "corporalidade animada"[26]. Somos essa alma viva, essa matéria animada, esse corpo pneumático e eis algo que podemos aprender a descobrir com o desenvolvimento de nossas faculdades de percepção. É surpreendente ver até que ponto, no mundo de hoje, perdemos essa faculdade de "sentir".

Esta faculdade, apesar de tudo, presente em cada um, parece completamente atrofiada, subdesenvolvida na maioria de nós. Portanto, vivemos nosso corpo como um corpo que possuímos – de alguma forma, uma coisa –, mas não "somos" esse corpo. Não o habitamos verdadeiramente.

Será que nos identificamos com o futuro cadáver ou nosso corpo é esse "teclado do espírito" de que fala Maurice Zundel, capaz de manifestar o que somos, expressar o que o anima, capaz de sentir-se atravessado pela corrente da vida interior? É pela transformação de nosso "corpo objeto" em "corporalidade animada" que humanizamos nosso corpo, que fazemos em vida a experiência dessa liberdade interior de um corpo aberto, espacial, corpo de luz para uns, corpo essencializado para outros.

Os moribundos, talvez, sejam mais sensíveis do que nunca a tal transformação. Sabe-se até que ponto se modificam suas percepções espaçotemporais; como eles sentem tudo: a angústia, os estados de alma dos que se aproximam deles. Alguns leem nos nossos pensamentos ou veem em volta o que é invisível a nossos olhos.

---

26. A expressão é extraída de VELDMAN, Franz. *L'Haptonomie, science de l'affectivité*, op. cit.

J.-Y.L. – É o que se chama, no cristianismo, o despertar dos "sentidos espirituais". Por exemplo, tanto Orígenes como Simeão, o novo teólogo, lembram-nos que, se temos um corpo que podemos utilizar com nossos sentidos "grosseiros", vivem igualmente dentro de nós sentidos espirituais que devem ser despertados.

Estou pensando também nas tapeçarias da *Dama do licorne*, onde estão representados os cinco sentidos; aliás, Rilke visitava com frequência essa tapeçaria. O poeta despertava aí seus sentidos espirituais, o que poderíamos chamar também seu "corpo de glória". Em hebraico, o corpo de glória é *kavod*: o corpo habitado, o corpo habitado pela presença. A glória é o peso da presença. É por isso que, no momento em que o moribundo chega, finalmente, ao seu corpo interior, seus sentidos espirituais despertam e, então, ele pode entender, ver, sentir... estar em sua "Presença" essencial. Esse despertar dos sentidos espirituais deveria fazer parte de nossa educação muito antes da hora de morrer.

Nosso medo da morte é proporcional ao nosso medo do amor. Nas nossas relações íntimas entre homem e mulher, limitamo-nos, com demasiada frequência, a uma relação de corpos físicos (são nossos cadáveres que se encontram...), ou de corpos psíquicos (nesse caso, são nossos problemas que se encontram), sem oferecer-nos a ocasião de encontrar-nos em nossos corpos pneumáticos. A necessidade de que estamos falando, no âmbito do acompanhamento dos moribundos, de superar o próprio corpo para alcançar o self, deveria ser também aproveitada em nossa vida amorosa e nos encontros cotidianos.

M. de H. – O perigo quando se fala de sentidos espirituais consiste em acreditar que alguns os possuem e outros não. Qualquer ser humano, desde o nascimento, possui essas faculdades de abertura, de presença, de contato.

J.-Y.L. – Convém esclarecer que essa capacidade sensorial faz parte das potencialidades de todos os seres humanos. Não é algo relativo à ordem da graça, tal como esta é entendida habitualmente, mas uma simples graça de ser; a graça de ser humano com uma sensorialidade aberta.

M. de H. – Mas, para abrir essa sensorialidade, ainda assim é necessário sentir-nos em segurança. No final de contas, o que impede o desenvolvimento dessas percepções é o medo! Vejam o que se passa com uma criança de peito que é apenas abertura. Se sua confiança não for gratificada irá fechar, aos poucos, suas capacidades de sentir, de abrir-se. Essa abertura é, muitas vezes, atraiçoada pelo tipo de abordagem dos adultos. Então, aos poucos, irá ficar desconfiada e irá desenvolver uma espécie de estado de alerta. Todos nós temos uma espécie de desconfiança em relação ao mundo exterior que pode ferir-nos, agredir-nos. De fato, a chave para reencontrar essa faculdade de sentir é realmente a segurança, a confiança. Ser aceito como a pessoa que se é. No acompanhamento das pessoas que estão chegando ao fim da vida, essa aceitação do outro tal como é, tal como vive esse momento, é algo de fundamental.

8
O ALÉM DA MORTE

Mito moderno e tradições religiosas

— *Nos testemunhos de experiências de morte clínica, a maior parte das pessoas dizem "voltar" com uma renovada confiança, um real sentimento de segurança. De fato, já não têm medo... Será que a experiência de morte iminente constitui uma abertura, entre outras coisas, para um campo de percepções completamente novo?*

Marie de Hennezel – Com certeza, porque afinal é uma experiência. Não se trata de um pensamento ou de um dogma; além disso, as pessoas que a relatam fizeram, realmente, a "experiência" dela. Seja qual for a maneira como é interpretado seu sentido, terá um valor em si mesma porque foi sentida profundamente. As pessoas "voltam" apaziguadas, transformadas, e ficam muito mais perto de si mesmas, do essencial, como se tivessem descoberto, finalmente, o que importa na vida. Justamente, perceberam que não se identificam com o corpo físico; afinal de contas, este não passa de um invólucro.

A metáfora da lagarta e da borboleta, que devemos a Elizabeth Kübler-Ross, aponta exatamente nesse sentido. Portanto, a verdadeira dimensão do ser não está ligada ao corpo físico, uma vez que, muitas vezes, durante essas experiências, as pessoas veem seu corpo à distância e, no entanto, sentem que continuam inteiras, intatas, fora do corpo. De fato, elas conseguem ter uma verdadeira percepção sensorial de seu "corpo pneumático". Esta experiência é tão mais importante na medida em que terá consequências na maneira de viver ulteriormente. Na maior parte dos casos, ela retira qualquer medo da morte, criando um estado de confiança que, então, permite assumir a vida muito mais profundamente.

No entanto, não esqueçamos que algumas pessoas podem ter "transições" difíceis. Mesmo assim, é necessário aceitar voltar ao interior dos limites do corpo físico e, às vezes, a experiência é tão bela, tão forte – nesse aspecto, assemelha-se à experiência mística – que voltar aos limites de nossa realidade pode tornar-se uma experiência penosa, vivida como uma diminuição de nossas capacidades.

Tal experiência funciona agora como uma espécie de mito moderno. Um mito mais científico, menos tradicional, virgem de qualquer conotação religiosa. Sente-se que as pessoas que se afastaram das grandes tradições espirituais referem-se a ela de bom grado.

Também já me aconteceu, diante de pessoas que não tinham referências tradicionais e expressavam um estado de angústia perante o desconhecido da morte, evocar tais experiências de morte iminente e utilizar esse mito moderno como algo suscetível de permitir a ligação a uma espécie de transcendência. Trata-se de um mito que apazigúa. Talvez, porque nas profundezas de nosso ser sabemos que não nos reduzimos a um futuro cadáver. Nosso inconsciente parece que sabe disso uma vez que, como foi constatado por Freud, parece ignorar a morte!

Nosso inconsciente não acredita na morte a qual é para ele irrepresentável. Observemos também que algumas experiências de morte iminente identificam-se, às vezes, com experiências feitas em sonho: podemos sonhar que estamos mortos; assistimos, então, à nossa própria morte, como espectadores. É a partir dessa constatação que Freud escreveu em *Considérations sur la guerre et la mort*: "No nosso inconsciente, estamos conscientes de nossa imortalidade".

Acontece que todos nós sonhamos que, embora mortos, não estamos mortos. Esses sonhos têm uma pregnância sensorial de tal ordem que nos comunicam algo de real. Aliás, os sonhos dos moribundos enviam-lhes, muitas vezes, mensagens que dizem respeito, justamente, ao corpo pneumático.

Jean-Yves Leloup – Em certos meios, em vez de falar de corpo pneumático, poderíamos falar de um "corpo de sonho". Não do corpo sonhado, ou fantasiado, mas verdadeiramente de um corpo de sonho porque o sonho tem uma certa qualidade sensorial, simultaneamente, no corpo e fora do corpo.

M. de H. – Georges Haldas utiliza uma linda expressão: ele fala de "corpo íntimo". O corpo interior, o corpo íntimo... O corpo percebido do interior, que nada tem de comum com o que dele se vê...

J.-Y.L. – É o que São Paulo evoca quando diz *eso anthropon*, o "homem interior". Ele fala, igualmente, do "homem oculto do coração" que é semelhante ao Deus oculto, *Deus absconditus*. O homem desconhecido, o homem secreto...

Estamos no segredo de nossa humanidade; ora, toda a humanidade, crente ou não, transporta em seu bojo esse segredo. Neste, reencontramos, então, a confiança. O paraíso perdido é a confiança perdida.

Quanto a mim, a experiência de morte clínica foi um retorno a uma confiança perdida há muito tempo, sem dúvida, desde o meu nascimento. É por isso que, às vezes, eu digo, sob a forma de brincadeira, que afinal é importante morrer uma vez na vida... Por exemplo, "desde que eu morri", já não tenho vontade de suicidar-me! Continuo da mesma forma desesperado, mas já não tenho vontade de suicidar-me. Agora, aconteça o que acontecer, haja o que houver, a Vida está aí, e essa Vida não sou eu. Meu "eu" continua vivendo diferentes experiências, mas desta vez animado de uma confiança reencontrada, sem expectativas. De seres humanos fixados em nossos projetos ou remorsos, podemos tornar-nos seres humanos abertos aos nossos segredos.

É verdade também (e falamos disso muito mais raramente) que as experiências de morte iminente nem sempre são positivas. Podem até mesmo ser negativas. Já ouvi vários testemunhos... Nesse caso, o que me impressiona é que as experiências contemporâneas identificam-se com as experiências relatadas nos antigos *Ars moriendi*, quer se trate do *Bardo Thodol* tibetano ou dos *Ars moriendi* cristãos. Fala-se aí de uma entrada em um "mundo intermédio" no qual podem ser encontradas, às vezes, tanto divindades benevolentes como divinades enfurecidas. Tais "divindades" têm algo a ver com nosso inconsciente, com todas as memórias que pudemos integrar em nós próprios. No decorrer de uma NDE, algumas pessoas não chegam até à "clara luz", até ao perdão, até à pura confiança, mas permanecem bloqueadas nesse mundo intermédio de onde voltam aterrorizadas! É, aliás, o terror que as faz voltar... Para elas, é necessário um acompanhamento especial que lhes permita aceitar seus limites, assim como o sentido de sua experiência. É necessário ajudá-las a compreender que aquilo que as espera não é, na realidade, tão aterrador. É muito raro falarmos dessas NDE negativas...

M. de H. – Mas, nesse caso, estamos diante de verdadeiras NDE, ou tratar-se-á antes de ressurgências da Sombra? De todo esse inconsciente recalcado...?

J.-Y.L. – Trata-se realmente de uma ressurgência da Sombra, mas na qual a pessoa permanece como que imprensada. Nos testemunhos relatados por Raymond Moody, todo o mundo se lembra da história do túnel, mas nem todos sabem que se pode ficar aí imprensado... Trata-se efetivamente de uma experiência de morte iminente, mas infelizmente não chega ao que ele designa por "grande luz".

Da mesma forma, existe a experiência de alguns psicóticos que não se encontram no mundo físico ou no mundo espiritual, mas nesse mundo intermédio. O papel do terapeuta é, simultaneamente, reconduzi-los à terra e abri-los para uma real dimensão espiritual.

Atualmente, faz-se uma grande confusão entre esse mundo psíquico intermédio e o mundo espiritual. Às vezes, até mesmo algumas experiências que são apenas de ordem psíquica intermédia são consideradas experiências espirituais quando, afinal, nada têm a ver com o Espírito. Talvez aconteça uma saída desse mundo físico, psicossomático (e no psicossomático, integro o inconsciente pessoal e o inconsciente coletivo), mas trata-se de algo bem diferente de uma pura experiência espiritual. É uma ressurgência da Sombra pessoal e coletiva (e, ao mesmo tempo, uma ressurgência de certas potestades que se encontram no mundo dos espíritos intermédios), mas não é o mundo espiritual! Esse mundo intermédio tem seus aspectos positivos e negativos: encontramos aí anjos bons e maus, divindades benevolentes ou enfurecidas, ondas positivas e ondas negativas etc. Cada um há de utilizar uma linguagem particular para falar dessas realidades. Todavia, seja qual for a explicação que se dê a seu respeito, esse mundo intermédio é sempre o mundo da ilusão. Trata-se de um outro espaço-tempo, mas não é o mundo espiritual, pneumático, não é o mundo da eternidade.

Atualmente, há quem pretenda, de forma um tanto exagerada, vender-nos "umas saidinhas fora do corpo" que não passam de experiências puramente psíquicas pelo "preço" de experiências espirituais...

– *Que se prefira o mito moderno ou a tradição religiosa, será que se encontra com a mesma segurança essa confiança perdida?*

J.-Y.L. – O que se descobre, hoje, encontra-se presente, aí, desde sempre. Portanto, é normal que essa experiência ainda seja atual. Quando Plutarco diz que, no momento da morte, todas as pessoas alcançam o estado que os mais insignes iniciados conhecem, é para lembrar que, no momento da morte, entramos em uma consciência não fixada pelos conceitos, pelas representações e pelas imagens. O que, eventualmente, tiver sido vivido (antes de morrer) por quem se encontra em uma via de interiorização poderá vivê-lo também no próprio momento de sua morte a pessoa não preparada.

Não há outra Realidade além da Realidade e esta pode, felizmente, ser apreendida antes da morte.

Portanto, o papel das grandes tradições espirituais, ocidentais ou orientais, consiste em lembrar à pessoa em seus momentos de dor, de identificação com seu corpo, a dimensão íntima, interior de seu ser. Na leitura de *Bardo Thodol*, o lama diz: "Nobre amigo, não temas...". Não temas as ressurgências de teu inconsciente. Também não te detenhas em estados deleitáveis... É necessário passar além do que nos causa medo, assim como do que nos atrai.

No *Bardo Thodol*, existem trechos magníficos para ajudar a sair dessa atração e dessa repulsa. Não devemos deixar-nos atrair nem amedrontar, mas entrar na "clara luz".

No Evangelho de São João, fala-se da Luz – *Phos* – que ilumina todos os homens que vêm a este mundo. "Todos os homens" é uma expressão que afirma, perfeitamente, que essa Luz não está reservada aos cristãos... mas que todos os homens são habitados por ela.

O momento da morte é aquele em que nossa consciência deixa de traduzir em conceitos, em imagens ou em sensações a pureza dessa Luz. É, então, uma consciência não fixada...

Mas é raro conhecer, em vida, tal consciência. Quando estamos conscientes, estamos sempre conscientes de algo; ora, no momento da morte, trata-se de entrar em uma consciência que já não tem consciência seja do que for, nem sequer dos mundos intermédios; trata-se de entrar em uma "pura consciência". É a consciência que se sente a si mesma. A palavra "luz" é, por sua vez, uma metáfora, um ícone dessa realidade. Algumas sensações sutis não passam de ecos, embora ecos possíveis...

Para voltar à sua pergunta sobre as NDE, essa experiência "selvagem" de abertura da consciência para uma consciência mais íntima é um fenômeno contemporâneo que, de fato, lembra-nos o que sempre foi. Mas desde o momento em que "o-que-sempre-foi" é fixado em palavras, em conceitos, corre o risco de cristalizar-se. Desde então, em vez de facilitar, de permitir esse acesso a uma consciência não fixada, algumas doutrinas acabam por prender-nos ainda mais. Às vezes, até mesmo, em vez de ser um caminho, a religião pode tornar-se um obstáculo; algumas doutrinas podem pensar em nosso lugar, "catequizar-nos", colocar-nos em estado de bloqueio de pensamento, em estado de detenção!

Finalmente, o grande privilégio da morte consiste em livrar-nos de qualquer doutrina. Volto a pensar no que me disse o Dalai Lama quando lhe perguntei qual era a melhor religião, qual era aquela que poderia ajudar-me melhor a morrer. Ele respondeu-me: "A melhor religião é aquela que pode tornar-te melhor".

A melhor prática é aquela que nos abre mais. Independentemente de sermos budistas, cristãos ou de qualquer outra religião... uma vez mais, trata-se de tornarmo-nos um pouco mais humanos!

9
O ÚLTIMO TEMPO DO MORRER: AS SEIS ETAPAS DA AGONIA

Análise psicológica à luz das tradições espirituais

— *No "tempo do morrer", encontra-se um tempo particular: o da agonia.*

Será que nos grandes textos da humanidade existem escritos que possam ajudar-nos a compreender e acompanhar esse momento?

Jean-Yves Leloup — Dois grandes textos sagrados tratam do acompanhamento da agonia. Trata-se do *Bardo Thodol*, já mencionado, e do *Ars moriendi* que, por seu turno, data de 1492. Este é menos divulgado do que o texto budista, sem dúvida, por estar demasiado perto de nós e de nossos costumes! Todavia, parece-me interessante evocá-lo neste momento porque nos ilumina sobre o derradeiro combate que é a agonia.

Do ponto de vista do observador, a agonia parece ser uma luta dolorosa, marcada pela recusa de morrer, uma tentativa desesperada de apegar-se à vida que se esvai. Raras são as pessoas que a vivem com serenidade, sem terem passado antes por toda a espécie de estados de alma. De um ponto de vista psicológico fala-se de retorno do recalcado, de ressurgências do inconsciente. No texto medieval do *Ars moriendi*, a palavra *agonia* é também acompanhada pela palavra *peirasmos* que significa a tentação ou, mais exatamente, a provação. Portanto, a agonia é também um momento de provação, de tentação; além disso, o homem é posto à prova em vários planos.

O texto do *Ars moriendi* assinala várias provas que têm de ser cumpridas. Ele pode ajudar-nos tanto a preparar-nos para morrer, quanto a acompanhar um moribundo, compreendendo a provação que ele está em vias de viver, mas pode igualmente lembrar-nos que nós próprios vivemos tais provações: esses *peirasmos*, essas tentações, que nos colocam em questão em diferentes elementos de nosso composto humano, de nossa fé, de nossa esperança e de nosso apego... Nesses escritos, podemos encontrar uma nova luz para esclarecer todos esses elementos constitutivos de nossa vida humana.

O que diríamos ser um combate entre o Eu e o Self, entre o Eu que se identifica com seu corpo, com suas memórias, e o Self que é a presença do Sopro íntimo que nos arrasta para além de nós mesmos, é descrito aí na linguagem simbólica da época como um combate entre nosso anjo de luz e nosso anjo das trevas. Observemos que nele se encontra o que o *Bardo Thodol* designa por divindades enfurecidas e divindades benevolentes! Da mesma forma que as etapas do processo do morrer descrito por Elizabeth Kübler-Ross não se seguem, necessariamente, umas às outras, assim também as provações do *Ars moriendi* podem ser enfrentadas em uma ordem diferente. Aliás, mais tarde, veremos as correspondências que podem ser estabelecidas entre essa arte de morrer da Idade Média e o processo contemporâneo descrito por Kübler-Ross.

– *Quais são essas diferentes provações?*

J.-Y.L. – A primeira é a DÚVIDA.

A dúvida coloca completamente em questão o labor de nossa existência, todo o amor que, porventura, tenhamos dado, e que se traduz por indagações do tipo: "Para quê... ?", "De que serviu tudo isso?", "Nada disso tem sentido...". A dúvida que assedia aquele que se persuade de que está sendo ludibriado. "Não há mais nada..., sou apenas um ser mortal, um ser composto que, em breve, irá decompor-se..., tudo o que os padres, os pastores ou os profissionais da saúde podem dizer-me, os livros que li sobre a vida após a morte..., tudo isso é falso!"

O moribundo é quase fisicamente habitado por essa dúvida; é uma noite profunda do espírito, do coração e do corpo que se fecham e não desejam ouvir nada mais. Já não querem ouvir falar da luz, tampouco de um espaço possível, de uma abertura possível... O homem retrai-se, fecha-se. Esse estado é propriamente "infernal" porque o inferno é estar "confinado" em seu ego, confinado em um estado de consciência particular, no sofrimento...

No texto do *Ars moriendi*, essa dúvida chega mesmo a somatizar-se por um certo tipo de ricto, de escárnio. Junto de algumas pessoas, quando pretendemos dizer-lhes uma "palavra de consolo", uma palavra de bênção, podemos ouvir essa espécie de escárnio que, às vezes, nos causa medo. Algo dentro de nós "escarnece", e o próprio rosto transforma-se nesse ricto, nesse escárnio. Trata-se de uma presença, de um tipo de espírito que pode visitar-nos nesses momentos, mas à sua frente encontra-se o outro anjo, o outro espírito. O acompanhante deve, então, "colaborar" com o anjo bom.

Esse anjo bom é o da fé porque, diante da dúvida, convém manter uma postura de fé. Em grego, a fé diz-se *pistis*; em hebraico, tem a mesma etimologia da palavra "amém", isto é, "dou minha adesão". Dou minha adesão ao que é. Portanto, diante de quem vive os tormentos da dúvida, trata-se de permanecer confiante no real que sustenta o outro, e a que se dá o nome de Sopro ou Espírito.

Não se trata de identificar-nos com o moribundo, mas com esse Sopro, com essa vida que continua, mesmo se já não se tem corpo para manifestá-lo e dar-lhe nossa adesão. A palavra "acreditar" significa aderir ao real, aderir ao que é.

No instante da morte, o real não é somente o real sensível, composto e frágil; mas é também essa grande Realidade que deu forma à minha vida, ao meu corpo e permitiu-me viver. Trata-se de orientar o olhar, a inteligência, o coração, nesse ato de adesão ao que, dentro de mim, é mais vivo do que eu, de aderir ao que, dentro de mim, não é mortal.

Eis o primeiro combate, a primeira prova da agonia. Mas não é necessário esperar pela morte para saber que existem dias em que esse gênero de provação nos dilacera, provoca-nos dor, e que o ato de fé é, realmente, um ato de liberdade. Com efeito, nada nem ninguém pode obrigar-nos a acreditar. E quando estamos ao lado de alguém que escarnece, além de sentirmos nossa impotência, sentimos igualmente a importância de estar aí como testemunha. Devemos permitir que o moribundo tenha dúvidas, ao mesmo tempo que nos mantemos escorados nesse Sopro, nessa paz, nessa certeza: o Real não é somente o corpo que morre.

Ainda assim, existe um combate, um combate que se lê no rosto. Pode-se ver a pessoa fazer esgares, dizer não, cerrar os punhos e, até mesmo, repelir-nos.

Como padre, lembro-me de ter sido recebido, às vezes, pelo moribundo (a quem os profissionais da saúde tinham anunciado a minha visita) da seguinte forma: "Saia daqui, papa-defuntos!" e toda a espécie de insultos e blasfêmias... Para quem pretenda acompanhar espiritualmente o outro que sofre, não se trata de agradar, ser amado, tampouco esperado, mas aceitar essa recusa, esse combate que o outro está em vias de viver, e vir com seu "anjo bom" a fim de colocar diante dessa potestade que anima o moribundo outra potestade de uma outra ordem. Não é simplesmente uma crença, mas uma experiência. Nesse caso, sentimo-nos como que investidos de uma grande tranquilidade diante das blasfêmias, recusas...

O outro tem o direito de evitar a luz; tem o direito de duvidar... Às vezes, após uma luta mais ou menos longa, o moribundo acaba por descontrair-se, por aderir ao que é, e nessa adesão ele adere em si mesmo a algo maior do que ele próprio.

Depois dessa primeira prova, dessa primeira tentação que já tinha sido observada pelos Antigos, vem a segunda: a prova do DESESPERO.

Já não é somente a dúvida, mas o desespero... Um desespero em que o doente pensa: "Não vou conseguir, nunca; não terei força suficiente...". Ou ainda pior (em certos meios religiosos, no caso de algumas freiras, assim como pastores ou padres): "Não sou digno...", "Estou condenado!"

Não é raro conhecer alguém que, durante seus últimos instantes, depois de ter levado uma vida de virtude, isto é, uma vida de honestidade, de atenção a outrem, a si mesmo e aos princípios da existência, não só duvida, mas ainda pior, julga estar condenado, separado dessa força, dessa potência que o animou. Então desespera de si e de Deus. Nesse instante, a pessoa está em perigo, deseja, às vezes, suicidar-se. Sente-se de tal forma perdida que pode soltar este gemido: "Perdido por perdido..., desliguem os aparelhos!"

Trata-se de um desespero, cujos abismos, às vezes, dificilmente podem ser imaginados. Como testemunhas, não devemos esquecer que o desespero é contagioso; ver alguém sofrendo até esse ponto, colocar-se em questão ou colocar tudo em questão... pode abalar quem acompanha. O agonizante pode até julgar-se abandonado por Deus: "Pai, por que me abandonaste?" Nesses momentos convém lembrar que "Pai, por que me abandonaste?" não é senão o começo da fala do Cristo. De fato, perdemos apenas a "sensação" de estarmos ligados. Perder a "sensação" de sermos amados não quer dizer que deixamos de ser amados, que Deus, o Sopro, já não está presente!

Além de não acreditarmos em nada, ainda por cima já não sentimos mais nada... Encontramo-nos em um estado de privação sensorial, de privação afetiva absolutamente aterrorizante e, digamo-lo, infernal.

Nesse caso, é necessário colocar em frente o anjo da esperança: esperar contra toda a esperança porque estamos no tempo em que, efetivamente, deixou de haver expectativa. E é exatamente quando já não há expectativa que começa a esperança; é exatamente quando já não temos muletas ou apoio, que devemos apoiar-nos em nosso centro, em nosso "Eu" que é um Outro. Gosto desta afirmação de Teresa de Lisieux: "Estou sem apoio e, no entanto, apoiada...".

Não se trata unicamente de uma provação de ordem psicológica porque, na proximidade da morte, com a retirada de todos os nossos apoios, de todas as nossas referências afetivas, intelectuais e, evidentemente, religiosas, a tentação vem então procurar-nos na nossa dimensão espiritual. Por conseguinte, sendo importante, o acompanhamento psicológico dessas pessoas não é suficiente.

Esse desespero é muito mais do que uma depressão. Existe uma fase depressiva, mas também uma fase completamente desesperada. "Estou sem apoio e, no entanto, apoiada" quer dizer: "Não tenho qualquer expectativa, mas não estou sem esperança". O apoio já não se encontra no exterior: a pessoa que, ao nosso lado, quer o nosso bem, os bons religiosos que dão grandes conselhos, tudo isso é como que varrido, retirado, e é um apoio interior que nos é restituído. "Desonra-se todo aquele que morre escoltado pelas expectativas que o fizeram viver", afirma Cioran.

Mas após o combate, após a agonia, chegam a paz e a confiança: o rosto descontrai-se na atitude de quem confia no desconhecido e, às vezes, até mesmo ele é como que atravessado por clarões de curiosidade, de interesse. Mas é verdade que essa curiosidade e essa confiança passaram através do desespero, através do sentimento de ter sido abandonado, através de uma fase real e clinicamente depressiva, assim como espiritualmente desesperada.

Algumas pessoas pensam: "Depois de tudo o que fiz, não é possível que eu seja bem-acolhido do outro lado...". No entanto: "Se teu coração te condena, Deus é maior do que teu coração".

A terceira prova que habita uma pessoa que está às portas da morte é a do APEGO. Entre os Antigos utilizava-se a palavra "avareza". Pode parecer curioso que alguém se mostre avaro no momento de morrer, mas a avareza é, de fato, a apropriação do ter. Não deveríamos opor o Ser ao Ter, mas antes o Ser ao Avaro. Ser avaro é apropriar-se da vida como um ter; um ter que se pretende guardar, que se pretende possuir.

Muito concretamente, podemos observar as mãos do moribundo que se aferram à nossa mão ou aos lençóis. É o corpo todo que fica agarrado a esse Sopro, a essa vida que está dentro dele, como se desejasse conservá-la. Existem incompreensíveis momentos de apego a toda a espécie de pequenas coisas. Posso relatar-lhes o exemplo da pessoa que, já perto da morte, não só fazia ainda contas, mas todos os dias pedia-me para ler-lhe as cotações da Bolsa. Tinha uma espécie de apego à sua conta bancária, à evolução de seus lucros que era a sua paixão, seu lugar de identificação: valia seu peso em ouro! E um dia, em um instante de irritação, disse-lhe: "Como se explica que estando perto da morte o senhor me solicite para passar tanto tempo a ler-lhe as cotações da Bolsa? Não seria preferível fazer outro gênero de leitura?" Mas ele não queria saber de outra coisa... Até o dia em que acabei por confessar-lhe: "Não percebo nada a respeito de sua Bolsa e não tenho vontade de ler-lhe nem mais um algarismo!"

Quando voltei a visitá-lo (com um pouco de culpabilidade), reparei no brilho de seus olhos que me acolhiam e ouvi seu grito: "Champanha!"

Então, confessou-me: "O senhor, afinal, tem razão; sou um idiota. Em breve, vou morrer..., é o momento de tirar proveito da vida". E ofereceu champanha a todo o hospital. Nessa noite, no bandejão do jantar, todo o mundo teve direito a uma taça de champanha. Compreendi que essa pessoa – que não era assim tão avara e que na sua vida cotidiana tinha sido capaz de convidar os amigos para um certo número de festas –, de repente, tinha-se apegado e ficado preso ao dinheiro.

O anjo que veio colocar-se diante da avareza foi o anjo da generosidade.

Entre os Antigos, a avareza é considerada uma grande doença porque ela impede em nós o movimento da generosidade que é a saúde da alma e do coração.

É lindo ver pessoas que morrem dando mostras de generosidade. A afirmação foi feita pelo próprio Cristo: "Ninguém me tira a Minha vida, mas sou eu que a dou...". Com efeito, não se pode tirar nada dessas pessoas uma vez que a única coisa que não nos será tirada é o que demos.

Essa atitude de morrer em plena generosidade encontra-se também no *Bardo Thodol* (embora fazendo parte de outra tradição, vemos até que ponto esse texto tem afinidades com os *Ars moriendi*). Aí aconselha-se a tirar partido dos últimos instantes da vida para trabalhar em favor da libertação e bem-estar de todos os seres vivos. Isto é, transformar a própria morte em uma dádiva.

Mas, é claro, isso pressupõe que tenhamos passado através desse combate, dessa agonia, de ter passado através do que em nós se aferra, se agarra com avidez, para encontrar o que em nós é, no entanto, capaz de dádiva. O acompanhante deve ter a paciência, a inteligência, o discernimento que hão de permitir à pessoa que ele acompanha viver esses momentos de retração, de fechamento, de confinamento, de avareza, a fim de que a generosidade não seja somente uma palavra vã, mas um ato de abertura do coração, do corpo e da inteligência para a vida.

A quarta prova, ou tentação, durante a agonia é a IMPACIÊNCIA, a CÓLERA.

Como esse tempo é longo demais, às vezes acabamos por ouvir: "Basta, chega, desliguem os aparelhos...". A pessoa fica irritada com o médico, com a enfermeira e até mesmo com aquela ou aquele que, com gentileza, vem escutá-la, recebendo-os com estas palavras: "Isso não serve de nada! De qualquer forma vou abotoar o paletó. Deixem-me então fazê-lo o mais rapidamente possível"!

São verdadeiros ataques de cólera e nesses momentos podem até mesmo, às vezes, serem praticados gestos irremediáveis porque aí também existe uma força incrível. Em todas essas agonias, impressiona-nos ver essa energia que nos parece mais do que humana. Na presença de uma pessoa totalmente exausta, é normal que nos perguntemos onde é que ela vai buscar essa força para gritar, agitar-se na cama e mandar-nos sair do quarto!

Podemos ficar bastante admirados com a extrema violência desses combates, e compreendemos, então, a tentação dos profissionais da saúde em aplicar uma pequena injeção que liberte o doente de sua dor. Mas se observarmos com atenção, essa dor não é somente física ou psíquica. A impaciência e a cólera não são simplesmente a manifestação de uma lassidão diante da vida, como a do desespero ou da dúvida, mas trata-se de uma provação que tem de ser cumprida. Nesse caso, é necessário fazer apelo ao anjo da paciência. Desta vez, o papel do acompanhante consiste em ajudar a pessoa a entrar nessa qualidade de tempo que é o tempo da paciência. O trabalho é efetuado não somente sobre o inconsciente pessoal, mas também sobre o inconsciente coletivo.

Estou pensando no versículo do Evangelho de Lucas que diz o seguinte: "É por vossa paciência e perseverança que ganhareis a vida".

Nos doentes em fim de vida, temos a impressão de que a paciência é tempo ganho... Tempo que tem uma profundidade de consciência, uma profundidade de humanidade que os torna verdadeiramente humanos. No entanto, essa paciência tem de ser obtida em detrimento da impaciência e da cólera até que apareça, finalmente, essa doçura do comportamento e do rosto que os torna, às vezes, irreconhecíveis. Após a tempestade, vem uma grande calmaria.

Quando vejo alguém habitado por essa tempestade e essa cólera interiores, gosto de ler-lhe o trecho do Evangelho que relata "a tempestade apaziguada" (se se trata, evidentemente, de uma pessoa que aceita essa linguagem). No Evangelho nos é dito que os apóstolos entram em pânico porque o barco sacudido pelas ondas está prestes a afundar-se; durante esse tempo Jesus dorme no fundo do barco... É impressionante constatar a maneira como são recebidas essas palavras. São escutadas não só pela consciência, mas igualmente pelo inconsciente. Essas pessoas compreendem perfeitamente que a tempestade citada no texto é a tempestade de suas emoções, de suas memórias, nas quais estão submersas e as levam a gritar: "Por que dormes?" porque, efetivamente, alguém dorme dentro delas... Trata-se de despertar nelas o espaço tranquilo que dorme, que não está consciente... Despertar essa outra qualidade de tempo, de paciência de ser, que é o "Eu Sou" que dorme nelas.

O acompanhante é, assim, a testemunha desse eu em plena tempestade, em pleno pânico. É também a testemunha desse "Eu Sou" que dorme; nesse caso, ele pode ir ao encontro do moribundo para ajudar o despertar do "Eu Sou", até que as ondas fiquem calmas, até que, aos poucos, a cólera se apazigúe e até que a impaciência se transforme misteriosamente – como em uma verdadeira alquimia – em presença de paz.

Após ter vencido a cólera, depois de ter restabelecido a paz, pode-se, então, julgar ter "chegado". Todavia, após tantos combates e tantos esforços, surge um novo demônio, um anjo fétido que os Antigos chamam o demônio da "vanglória", o ORGULHO.

Eis a quinta tentação, a quinta prova. Julgamos que, finalmente, somos sábios, que vencemos todos os nossos demônios. A vanglória apoia-se na seguinte convicção: "Já não preciso de ninguém...".

É o demônio dos estoicos... Depois de termos sido um lutador e tanto, pensamos que não temos mais nada a temer, julgamo-nos de tal modo fortes que, no limite, pensamos que nem sequer temos necessidade de Deus... De fato, queremos oferecer às pessoas em redor uma morte nobre: "Reparem como estou morrendo: estou morrendo em paz... Reparem como um homem deve morrer...".

Trata-se de um demônio muito particular, um demônio cheio de nobreza. É uma vaidade, um narcisismo que nos perseguem até aos últimos instantes. Eis a razão pela qual algumas pessoas privar-se-ão da visita dos filhos a fim de não mostrarem sua fraqueza ou "feiura"... Sentimos perfeitamente que temos de enfrentar o demônio dos fortes, o demônio dos lúcidos. Esses moribundos sabem em que estado se encontram, veem o avanço da doença, ainda são capazes de olharem-se ao espelho e não desejam oferecer essa imagem aos filhos! Mas, embora haja muita nobreza nessa atitude, o texto do *Ars moriendi* diz-nos, no entanto, que se trata de uma cilada que, de alguma forma, é gerada por um "anjo mau".

Em frente da vanglória coloca-se, então, o anjo da humildade: aceitar oferecer às pessoas em redor o exemplo de uma morte não sublime, de uma morte verdadeiramente humana, a de um ser que se aceita mortal, fraco, vulnerável, que não escarnece, mas sorri com amabilidade... Ser capaz, nos momentos de lucidez, de confessar que, efetivamente, é penoso passar pela morte.

Essa quinta etapa é tanto mais crucial na medida em que ela nos lembra que algumas pessoas que, aparentemente, encontram-se bem, de fato, estão muito mal. Sabe-se que, no mais profundo de si mesmas, elas têm uma vulnerabilidade que não lhes é permitido confessar.

O anjo bom que o texto do *Ars moriendi* nos propõe que seja colocado do outro lado é o anjo da humildade. Aquele que poderia, de alguma forma, sussurrar ao moribundo que não vale a pena fazer tal esforço. Ser um homem é ser húmus, terra, ser fraco e vulnerável. Todos nós temos o direito de chorar, sejamos moribundos ou acompanhantes. Mesmo se a aflição do moribundo não nos arrasta, ela toca-nos porque não somos insensíveis. Também o acompanhante, em sua humildade, pode reconhecer-se vulnerável, fatigado...

O anjo da humildade chega, então, e é ele que nos torna capazes desse abandono que permite passar para a etapa seguinte. Derradeira prova em que nosso pó, aceitando-se como pó, pode, finalmente, voltar ao pó. Já não há nele qualquer espécie de pretensão ou presunção. O vento já não infla as velas, já se movimentou para outro lado e, por fim, aceitamos que nosso corpo seja como que abandonado.

Assim, fazemos um grande presente aos filhos ou àqueles que estão à nossa volta: o de uma morte sem empáfia. A morte de um ser humano que, por saber que o sopro que inflou as suas velas não é seu, pode desatar as amarras e deixar seu barco ao sabor do vento: ele próprio tornou-se vento...

Finalmente, chegamos à sexta e última etapa.

A dúvida e a fé, o desespero e a confiança, a avareza e a generosidade, a cólera e a paciência, o orgulho e a humildade conduzem-nos ao estado de ABANDONO, de paz.

Depois de todas as denegações, recusas e violências, tornamo-nos capazes de dizer sim ao que é; sim ao nosso ser mortal e sim ao nosso ser "não-somente-mortal". Então, podemos murmurar: "Em Tuas mãos entrego o meu espírito. Entrego meu sopro em Teu Sopro".

Compreendemos melhor o que os rabinos desejam expressar quando dizem que Moisés morreu em um beijo de Deus. Em hebraico, "beijar" diz-se *nashak* que significa "respirar juntos". Dizer que Moisés morreu em um beijo de Deus significa que entregou seu sopro a um Sopro mais vasto do que o seu; que expirou no grande Sopro da vida, morreu como em um beijo.

Efetivamente, a sexta etapa é quase uma transfiguração – em grego, temos a palavra *metamorphosis*: mudança de forma. O rosto da pessoa é como que mudado, transformado. Sentimos que seu sopro é erguido como se tivesse sido abraçado, transportado. Nesse instante seu sopro abandona-se..., finalmente, entra no repouso.

Esse verdadeiro relaxamento, essa verdadeira humildade e esse abandono, não assinalam a morte de um sábio ou de um estoico. Mas, ainda mais bela do que a morte de um sábio ou de um estoico, trata-se da morte de um ser humano... Nada há de mais divino do que um ser humano.

Quem poderá, tanto no momento da morte, como em vida, passar por cima da *agonia*, desse combate – combate físico contra a dor, combate psíquico contra o absurdo e o sofrimento, além de combate espiritual, o do homem com seus "anjos": anjos de paz e anjos devastadores?

Eis a razão pela qual parece-me tão importante que os acompanhantes de um moribundo recebam também a formação de uma antropologia que leve em consideração a dimensão espiritual do ser humano.

– *Será que na clínica contemporânea é possível encontrar essas diferentes etapas descritas no texto do* Ars moriendi? *Em caso afirmativo, como é que são vividas?*

Marie de Hennezel – Na clínica contemporânea da agonia (isto é, dos últimos momentos da vida), existe efetivamente uma referência bem-conhecida por todos: trata-se das observações de Elizabeth Kübler-Ross a respeito das sucessivas etapas que conduzem a esse estado de abandono e aceitação.

Mas trata-se apenas de uma descrição psicológica quando, afinal, o que me parece interessante no texto do *Ars moriendi* é que esses momentos sejam apresentados como um combate espiritual. Na descrição psicológica de Elizabeth Kübler-Ross existe algo que talvez não tenha merecido a devida atenção: o processo do morrer é definido como um processo dinâmico, com etapas que se sucedem, sem que nada seja dito sobre as razões que levam a passar de uma para a outra. Falta o que aparece claramente no texto do *Ars moriendi*, isto é, a dimensão do combate entre duas forças, entre dois anjos. Aliás, Jean-Yves Leloup mostrou com toda a clareza que existe sempre um "contrapeso". Por exemplo, se estamos submersos em dúvidas, o anjo da fé permanece sempre presente nos subterrâneos tanto do ser em fim de vida, como nos do acompanhante, e consegue vencer esse combate para permitir a passagem para a etapa seguinte.

Embora Elizabeth Kübler-Ross faça a descrição de diferentes etapas emocionais, a ênfase não é colocada suficientemente no fato de que o ser humano em luta contra seus demônios interiores – suas emoções – tem também dentro de si a capacidade de superar essas fases. Existe nele a força interior que no *Ars moriendi* é simbolizada pelo anjo bom. Penso que esse texto é inspirador para todos no sentido em que insiste sobre o fato de que não se deve, de modo algum, esquecer o "outro polo".

– Será que é possível relembrar as fases da agonia descritas por Elizabeth Kübler-Ross?

M. de H. – Em primeiro lugar, existe a dificuldade em acreditar no que está acontecendo. A pessoa agarra-se à esperança de um erro de diagnóstico ou de prognóstico, à esperança de um milagre. Não consegue acreditar na iminência da morte. Essa etapa do processo é, muitas vezes, compartilhada com os familiares. Estes também têm dificuldade em acreditar nisso.

Essa *fase de denegação* ou de recusa corresponderia à etapa do Apego no *Ars moriendi*. É a derradeira tentativa feita no sentido de conservar o controle da situação. Vai ceder rapidamente diante do avanço da agonia para dar lugar a uma fase de *revolta* e de cólera. "Por que isso acontece comigo?" Essa cólera dirige-se a Deus, à humanidade inteira, aos médicos, aos outros profissionais da saúde e, muitas vezes, a tudo o que simboliza a vida que continua.

O mérito de Elizabeth Kübler-Ross consiste em ter imposto sua convicção de que essa fase emocional deve absolutamente poder expressar-se e ser reconhecida como uma etapa normal do processo do morrer para poder ser superada.

A etapa seguinte, o *regateio*, corresponde a uma aceitação parcial da proximidade da morte. A pessoa compreendeu que sua morte é inevitável mas tenta negociar com ela, ganhar tempo. "Espera um pouquinho, ainda tenho de terminar isto ou aquilo, só depois do nascimento de meu neto... Ainda não estou preparado". Esse lapso de tempo desejado, esse prazo íntimo, parece ajudar a pessoa a permanecer viva até o fim. Muitas vezes verifica-se que, uma vez o prazo vencido, a pessoa abandona-se com serenidade à morte.

O período de tristeza que se segue é descrito por Elizabeth Kübler-Ross como um desgosto preparatório. Se existe ensimesmamento, ausência de comunicação, é porque a pessoa procura concentrar-se, interiorizar-se, "refletir" melhor, dizia uma das pacientes que acompanhei. Essa fase caracteriza-se por uma espécie de esgotamento emocional, na medida em que a pessoa está exausta, sem qualquer resistência. Eis a razão pela qual tal fase leva naturalmente a essa espécie de *aceitação* sem sentimento que está mais perto da resignação.

Assim, estamos em presença de um processo de ajustamento emocional doloroso, de um trabalho interior que procede por avanços e recuos. É possível reconhecer aí, com toda a certeza, um combate interior entre o ego que ainda tenta agarrar-se à vida e o Self que deseja libertar-se.

O processo descrito segue uma espécie de linha ideal que não corresponde à realidade observada. No máximo, essas "etapas" podem servir-nos de pontos de referência. Aliás, correspondem a modos de defesa diante da angústia e, então, compreende-se que alguns reajam sob a forma da cólera, enquanto outros hão de reagir pela tristeza e ainda outros permanecerão para sempre em um estado de denegação. Ainda outros hão de dar a impressão de terem chegado a uma forma de aceitação e, alguns dias depois, recaem na cólera ou no desespero. O texto do *Ars moriendi* lembra-nos que nada está definitivamente adquirido e que o derradeiro combate trava-se contra o orgulho!

Mesmo se o vocabulário moral não nos convém de modo algum, devemos reconhecer a necessidade da humildade diante da morte: nunca estamos ao abrigo de uma ressurgência de desespero ou de cólera, mesmo quando pensamos ter superado esses estados emocionais.

Diante da tentação de oferecer aos outros uma morte sublime, uma morte perfeitamente dominada e controlada, o derradeiro combate interior pode consistir em renunciar, como Tomás Becket no momento de sua morte na catedral de Canterbury, a esta última tentação: "fazer o que convém pela má razão".

Diante dessas ressurgências emocionais que fazem parte do combate, do trabalho interior do moribundo, o *Ars moriendi* lembra-nos que o acompanhante deve firmar aliança com o "anjo bom" do moribundo, com seus recursos internos, mesmo se estes não são visíveis.

Empenhar-se em estar confiante quando o outro está submerso na dúvida, em ser paciente quando o outro está em cólera, em cultivar a esperança quando ele está no desespero etc. De certa maneira, é sempre simbolizar o outro polo, de forma que a pessoa possa viver o que tem a viver e, justamente, possa sentir-se aceita.

– *Como podemos saber, com exatidão, em qual etapa precisa da agonia se situa o moribundo que acompanhamos e se ele se encontra nessa falsa aceitação da morte que é a tentação do orgulho; ou então, se cumpriu verdadeiramente a sexta prova, a do abandono?*

M. de H. – Tenho a impressão de que nos casos em que se trata de uma verdadeira aceitação a pessoa não chega a tocar no assunto. É evidente porque é discreta. Algumas pessoas insistem demais que aceitaram. Isso parece uma elaboração intelectual, racional. No que me diz respeito quando ouço tais declarações fico de pé atrás.

Às vezes tento o mais delicadamente possível não quebrar algo desse estado em que a pessoa se encontra e levá-la a compreender, como dizia Jean-Yves Leloup, que tem o direito de passar ainda por momentos de revolta a fim de que não se sinta confinada na obrigação de "morrer bem".

Um dos casos que mais me impressionou foi o de uma mulher que chegou ao serviço com uma atitude de aceitação total. Estávamos ainda no começo de nossa atividade e todo o mundo se regozijava por descobrir que existia verdadeiramente esse estado descrito por Elizabeth Kübler-Ross. Aliás, essa mulher tinha aceito receber os repórteres de uma rede de televisão para falar de sua morte iminente e tal acontecimento foi tão interessante quanto edificante: à semelhança de todas as outras pessoas caí na conversa.

Alguns dias depois, ela tornou-se completamente confusa e delirante e esse delírio era permeado por ressurgências de agressividade, por sentimentos de perseguição. Compreendemos, então, que na aceitação exibida havia uma tentativa de controle e que toda essa dúvida, essa cólera e esse desespero tinham sido recalcados. Ela não se tinha permitido viver todas essas emoções que voltavam sob uma forma completamente delirante; assim, acabou conhecendo um estado de dor psíquica e física nunca sentido anteriormente, a ponto de ter sido necessário aplicar-lhe sedativos bastante fortes.

Esse exemplo foi uma lição para todos nós, tendo-nos ensinado a desconfiar das pseudoaceitações. Se tivéssemos percebido mais cedo tal atitude, não a teríamos encorajado, talvez, a tomar essa via "heroica", na qual a tínhamos confinado e da qual só podia sair pelo delírio. Como seu caminho e seu combate ainda não tinham terminado restava-lhe apenas essa possibilidade de reconhecimento.

Penso que a verdadeira aceitação chega *in extremis* porque até mesmo as pessoas que sentiram que iam morrer e que chegaram a trilhar um verdadeiro caminho de evolução e passaram por todas essas etapas não estão ao abrigo de eventuais ressurgências.

O verdadeiro abandono é totalmente *in extremis*.

10
Ritos e rituais sagrados ou profanos

— *Antes de evocar os diferentes ritos e rituais de acompanhamento que permitem uma abordagem da morte mais serena, parece importante definir bem alguns termos como "rito", "ritual" e, evidentemente, a palavra "sagrado", utilizada muitas vezes de maneira um tanto aleatória.*

Jean-Yves Leloup – A palavra "sagrado" vem do verbo latino *sacere*, literalmente: o que é considerado sagrado está sujeito ao anátema, é excluído. De fato, uma coisa sagrada é uma coisa tabu, ou seja, é algo que está no mundo, mas "não é deste mundo".

É impressionante ver que a palavra *sacer*, que dará a palavra "sacerdócio", subentende alguém que está à parte, que é colocado à parte. Por detrás do latim encontramos a mesma significação no termo hebraico *kadesh*.

Assim, declarar um lugar como sagrado é colocá-lo à parte. Ele encontra-se realmente no espaço-tempo, mas como existe nele a marca de outro mundo é nesse caso considerado sagrado.

Qualificar um rito, uma experiência, uma forma de tocar ou olhar alguém como sagrado, é reconhecer-lhes uma dimensão, uma profundidade, uma intimidade que, precisamente, não podem ser apreendidas. Essa intimidade do sagrado que liga sempre aquele que a experimenta em sua própria intimidade deve ser infinitamente respeitada. Sabe-se quão pouco ela o é na nossa sociedade.

Eis a razão pela qual não existe terra santa ou terra sagrada em si mesma, mas o que torna uma terra sagrada é nossa maneira de andar nela. Do mesmo modo, não existe corpo sagrado em si mesmo, mas é a qualidade de nossa relação com esse corpo, esse rosto, que introduzirá algo de sagrado. Da mesma forma, um lugar sagrado é um lugar ao qual minha subjetividade está ligada através de um vínculo que me escapa, que não consigo apreender, reificar. Qualquer encontro humano que não se transforme em uma fusão, ou em uma apropriação do outro, mas onde exista lugar para a relação – o que implica a presença de um terceiro termo – é sagrado. O que permite estarmos juntos, falarmos uns com os outros, compreendermo-nos, tocarmo-nos, consolarmo-nos, confirmarmo-nos, não é o "tu" ou o "eu", tampouco o "nós-dois" sozinhos, mas antes um "nós dois" abertos juntos para essa presença que nos une.

A relação intermediada por uma palavra ou por um gesto não se confina em uma dualidade, em um vínculo limitado a duas pessoas com suas subjetividades que se enfrentam, se atraem e se unem de maneira íntima, mas entre as duas existe o Terceiro que as diferencia e, nessa diferenciação, permite-lhes um modo de união mais elevado do que o "um".

Aqui temos toda a simbólica do algarismo "três" no qual se inscreve o sagrado. Não se trata de regredir ao "um", esse "um" indiferenciado; também não se trata de permanecer no "dois", na dualidade, no dual; mas de passar ao Três que é a Unidade diferenciada, a aliança.

Marie de Hennezel – Sou muito sensível ao que Jean-Yves Leloup acaba de dizer. É realmente porque todos nós sentimos, mais ou menos, que existe algo de imperceptível na abordagem da morte que a tarefa de acompanhamento é uma tarefa sagrada. Aquele que acompanhamos faz uma experiência que ainda não fizemos e a respeito da qual nada podemos dizer. Ele entra em profundezas que ainda não foram exploradas por nenhum dos vivos que o acompanham e faz-nos testemunhas disso. A abordagem da morte é um momento sagrado, no sentido que acaba de ser definido. Isto é, ele nos coloca em contato com algo que está completamente à parte, propriamente imperceptível, algo de "numinoso" – termo utilizado por Rudolf Otto e C.G. Jung para qualificar o que é, simultaneamente, fascinante e terrificante. E o trabalho interior que se realiza nessa passagem que leva à morte é chamado "trabalho do trespasse", sem dúvida, para significar que o agonizante deve, precisamente, dar os "três passos" da passagem, passar do "um" para o "três", da fusão unitária para o que a psicanálise designa por "simbólico", o lugar deixado para o "terceiro".

J.-Y.L. – Agora, o que é um "rito"? É uma tentativa para controlar o que escapa à nossa compreensão, conferindo-lhe sentido. No prefácio do livro *Le Sens caché des rites mortuaires*[27], Louis-Vincent Thomas afirma que "tudo se passa como se, desde a origem, o homem pensasse na eventualidade de uma vida contínua depois da morte. O rito funerário poderia constituir perfeitamente a brecha antropológica, o aspecto pelo qual o homem tem acesso ao humano".

No que diz respeito ao "ritual" trata-se desta vez de uma organização de símbolos que pode tornar sensível a qualidade do que acabamos de falar; qualidade, simultaneamente, de relação e de presença que permitirá dizer que entre nós encontra-se algo de sagrado, de santo.

O acesso aos ritos do sagrado, isto é, aos gestos que colocam em cena essa possível qualidade de relação, não é a propriedade dos *sacer*, dos *sacerdotes*. Diante de certas situações todos nós somos chamados a ter uma atitude "diferente", a deixar nossos hábitos, o convencionado, o social, o conformismo!

De fato, o contrário do sagrado é a *normose*[28], o conformismo. Atualmente vivemos em um mundo de conformismo: devemos ser deste ou daquele jeito, isto não se faz, aquilo pode-se fazer etc. Mas como diante da morte já não sabemos o que "deve" ou não ser feito, nesse caso, encontramo-nos em uma situação verdadeiramente "sagrada". Praticamos atos, gestos – como tomar alguém nos braços – que, segundo os costumes de cada lugar, poderão ser interpretados e

---

27. BAYARD, Jean-Pierre. *Le Sens caché des rites mortuaires*. vol. I. [s.l.]: Dangles, 1993.
28. N*ormose*: desejo de ser como todo o mundo, medo do ostracismo, da diferença que nos permitiria sentirmo-nos melhores conosco mesmos.

reduzidos às categorias de nosso mundo quando, de fato, existe neles algo de infinitamente respeitoso e, até mesmo, às vezes, de sagrado.

No momento da morte, o Amor pode, em alguns casos, levar-nos a atravessar nossos medos. Nossa preocupação já não é agradar ou desagradar, ser bem ou mal julgado, mas ser justo.

M. de H. – Jean-Yves Leloup acaba de nos dizer que o que define o sagrado é a consciência de uma transcendência. Um lugar é "sagrado" porque me liga a um além de mim própria, o outro humano é "sagrado" porque reconheço que sua essência supera tudo o que posso compreender ou ver.

Diz-nos também que o sagrado coloca à parte. É reservado aos iniciados, aos que sabem ver o que os outros não veem. Sem dúvida, essas categorias do profano e do sagrado tinham seu sentido no tempo em que as grandes tradições espirituais com suas teologias, dogmas e instituições organizavam o acesso ao sagrado. Mas as coisas mudaram. Nosso mundo humanista moderno não rejeita a transcendência e o sagrado, mas recusa os argumentos de autoridade e nega-se a concebê-los sob o modelo dogmático. Devem ser procurados no âmago do humano: é no mais íntimo de nós próprios e no mais íntimo do outro que, agora, devemos aprender a reconhecê-los. É o homem enquanto tal que é sagrado! É o encontro inter-humano, o vínculo que une os homens, que é sagrado!

Sente-se perfeitamente que nesta perspectiva o espaço do sagrado muda: enraíza-se no homem, faz parte da consciência de cada um.

– Será que alguns gestos e atitudes, nos quais uma outra qualidade é evocada, podem transgredir o conformismo hospitalar e médico, e, por consequência, correr o risco de serem mal-interpretados?

M. de H. – Haverá sempre pessoas que não suportarão essa qualidade de presença – como se pode compreender, ela é "sagrada", mesmo se não é necessário qualificá-la dessa forma.

São as pessoas que sofrem por nunca terem sido acolhidas e tratadas com essa qualidade. Nunca foram valorizadas em seu ser. São as primeiras a criticar, a fazer afirmações destruidoras, a interpretar com malevolência a atitude dos colegas. Abrigar-se-ão por detrás do consenso conformista que exige que os profissionais da saúde se limitem a suas competências técnicas e não se impliquem na relação com os doentes.

– *No contexto hospitalar, qual é o olhar lançado sobre o sagrado?*

M. de H. – Apesar de existir um consenso materialista – é o que se passa nos hospitais quando alguém se dirige ao corpo doente, ao corpo objeto dos tratamentos, e não à pessoa –, existe, em compensação, um consenso humanista espiritual, como no caso do movimento dos tratamentos paliativos e do acompanhamento. A palavra "consenso" significa, aliás, "sentir juntos".

Quando vários membros de uma equipe hospitalar compartilham o sentimento de que o doente é "sagrado", de que ele é um mistério vivo que deve ser respeitado e honrado, os tratamentos são inspirados por essa qualidade de amor que sabe estar presente, atenta, sem nada esperar ou pretender do outro, que sabe regozijar-se com o simples encontro humano, com a *philia* que é a alegria de amar e ser amado.

Um dos registros em que é possível honrar e respeitar essa dimensão do ser, verifica-se em tudo o que implica o contato, a relação tátil com o corpo. Conforme já dissemos, podemos tocar em um "corpo" como sendo um futuro cadáver ou então tocar, abordar a "corporalidade animada" que representa, para além do visível, a própria essência do ser. Neste sentido, importa estabelecer a distinção extremamente útil entre o corpo que se tem e o corpo que se é – o corpo substancial, objetivo, e a corporalidade animada; ainda assim é necessário que a pessoa se permita vivê-la, tenha a ousadia de aproximar-se do outro através dos gestos cotidianos, com respeito e ternura.

– *Segundo o que estou entendendo, é a maneira como abordamos alguém ou fazemos algo que lhe confere seu caráter "sagrado". Como isso é vivido no cotidiano dos tratamentos e do acompanhamento?*

M. de H. – Na proximidade da morte, a vida de um doente é verdadeiramente pontuada por ritos: do levantar, do deitar, da higiene pessoal, das refeições etc.

Nesse caso, se nos formulamos verdadeiramente a questão: como ajudar essa pessoa que tem o sentimento de haver perdido sua dignidade humana, que está sofrendo com a sensação de fragmentação, de deterioração física e, portanto, que formula a si própria mil e uma questões sobre o valor de sua pessoa, do tempo que lhe resta viver? Se pretendemos verdadeiramente ajudá-la a superar esse primeiro sofrimento evidente para que ela sinta que mais além existe uma permanência de sua identidade, que sua essência própria encontra-se aí, devemos antes de tudo reconhecer essa transcendência no âmago de sua humanidade. E como reconhecê-la a não ser expressando-lhe de uma forma muito sensorial e concreta, isto é, com uma certa maneira de abordá-la, tocá-la, manifestar-lhe o respeito que temos por ela?

Portanto, todos esses ritos profanos podem ser transformados em ritos sagrados, simplesmente em função da consciência que colocaremos em nossos gestos, nossas palavras, nossos olhares que serão o próprio tecido do encontro. Em seguida, além desses ritos profanos necessários que pontuam a vida do doente, podemos também introduzir ritos de oblação, como foi sugerido por Louis-Vincent Thomas, instantes de bem-estar, prazer, descontração; momentos de comunhão.

Em companhia dos numerosos profissionais da saúde de cuja formação fui incumbida nos últimos anos, procurei a maneira como introduzir tais momentos para que se tornassem, ao mesmo tempo, momentos de confirmação afetiva do outro (um reconhecimento de sua dimensão essencial) e momentos de apaziguamento, de pacificação da pessoa que pode sofrer em seu ser.

Muitos profissionais da saúde aplicam massagens de bem-estar ou de relaxamento. Apesar de toda a sua boa vontade, fazem tais aplicações, muitas vezes, de uma forma técnica e objetivante demais. Procuramos, em conjunto, o modo como tocar não no "corpo objeto", mas no "corpo íntimo", na pessoa em sua essência. O modo como contatá-la com um infinito respeito, uma ternura que lhe inspirasse confiança e apaziguamento. "Acolho você como a pessoa que você é e estou aqui para você".

Quando a nossa mão pousa nesta ou naquela parte do corpo, quer se trate de uma massagem muito suave do rosto, do ombro, do plexo, dos joelhos, dos pés ou das mãos, ela pode aproximar-se de tal forma que é quase a mão que fala e diz: "Acolho você e estou aqui". Quando tocamos em alguém dessa maneira, a pessoa sente que é acolhida em todo o seu ser e, seja qual for a sua deterioração física, ela tem imediatamente uma percepção de sua unidade.

– *Acabou de nos dizer que essa dimensão do sagrado pode ser transportada, assumida, por cada um de nós. Então, isso significa que ela não é reservada aos rituais religiosos ou aos membros do clero?*

J.-Y.L. – Um sacramento é o sinal visível de uma realidade invisível, o sinal sensível de um mundo que não é da mesma ordem, um gesto acompanhado por uma palavra. A dimensão sacramental não é reservada aos padres. Alguns padres católicos não estão de acordo com o que vou dizer, mas a função sacerdotal é uma função ontológica e não uma função institucional. O batismo, a unção, o perdão são sacramentos que todos os cristãos podem administrar. Aliás, no ritual do batismo retomam-se as palavras de São Gregório: "Ó, cristão, lembra-te que pelo teu batismo és padre, profeta e rei".

Portanto, cada ser humano deve encontrar sua função sacerdotal. Todos nós somos chamados a ser "padres, profetas e reis". Ser padre é a "função ontológica" de cada um. O "pontífice" é aquele que faz a ponte. Todos nós podemos tornar-nos "sumos pontífices", isto é, todos nós temos de fazer a ponte entre as duas margens: entre a margem espaçotemporal e essa outra margem, essa consciência outra, esse estado de liberdade não nascida, não feita, não imaginada.

Em minha opinião, qualquer "terapeuta" (no sentido amplo) tem essa função sacerdotal que pode ser exercida através de um certo número de gestos acompanhados por uma palavra. Tanto no momento do nascimento, como no instante da morte, todos nós temos necessidade de uma mãe e de um pai, isto é, de um gesto que abrace, console, reconforte, envolva, e, ao mesmo tempo, de uma palavra, de uma palavra profética, que abra caminho para o desconhecido. Apesar de serem essenciais, esses dois elementos aparecem, com demasiada frequência, dissociados. Existem acompanhantes muito maternais – tomam o doente nos braços, envolvem-no de forma calorosa... – mas que não dizem nada. Em outros casos, chamam um padre que, por sua vez, irá falar... mas não tomar o doente nos braços.

Como acontece, às vezes, em nossas vidas, o pai e a mãe estão, de novo, dissociados quando, no momento da morte, é preciso que essas duas qualidades estejam não só presentes, mas associadas. Se temos necessidade de ser amados, abraçados, temos também necessidade de uma palavra. No entanto, uma palavra proferida sem amor, sem uma mão que saiba verdadeiramente tocar em nós, também não é suficiente.

Na tradição cristã, o sacramento é a aliança destes dois elementos: a palavra e o gesto. Qualquer pessoa pode fazer sentir a uma outra que, embora seu corpo físico esteja deteriorado, seu corpo interior renova-se todos os dias.

Do mesmo modo, qualquer pessoa pode também dizer uma palavra de perdão. Não é necessário ir pedir o perdão a um padre... São Tiago afirma isso claramente: "Confessai vossos pecados uns aos outros..."[29]! No último momento, sem nada impor a si mesmo, cada um de nós tem, portanto, o direito de pronunciar estas palavras: "em Nome de Deus eu te perdoo; em Nome da Vida eu te perdoo..." e isso quer dizer: "Vai em paz". No contexto cristão todos nós somos padres, profetas e reis por nosso batismo. Padres, porque temos de fazer a ponte entre o material e o espiritual; profetas, porque temos de deixar brotar uma palavra que se inscreva no presente e abra um futuro, permitindo que o outro não fique confinado em seu passado; reis, na medida em que todos nós temos de ser senhores de nossas emo-

---

29. Epístola de Tiago, 5,18: "Confessai vossos pecados uns aos outros e orai uns pelos outros para serdes curados".

ções e de oferecer a nossos pensamentos um reino diferente de nosso inconsciente ou do nosso passado.

Em nós vive o reino do Espírito... e somos todos chamados para essa realeza.

Eis, talvez, palavras gastas e difíceis de utilizar nos dias de hoje, mas devemos devolver às tradições sua grandeza e sua dignidade espirituais.

11
A DORMIÇÃO

Ritual tradicional e clínica contemporânea

— Segundo o que nos disse, a função do rito consiste em conferir sentido ao que não podemos apreender ou compreender, portanto, ao que na maior parte do tempo nos provoca angústia. As tradições religiosas elaboraram rituais que estão a serviço desse objetivo, por exemplo, o sacramento dos enfermos outrora chamado extrema-unção na tradição cristã. Que relação a clínica contemporânea mantém com esses ritos tradicionais de passagem?

Marie de Hennezel — A clínica contemporânea considera que tais ritos têm a ver com o domínio estritamente privado e íntimo das pessoas. Como já evocamos em várias ocasiões, o sistema de saúde não mostra qualquer interesse pela crença religiosa ou pela espiritualidade dos doentes. No máximo, permite o acesso de religiosos, capelães, pastores, rabinos ou imames à cabeceira dos doentes quando estes fazem tal solicitação. Para aqueles que não estão enquadrados em uma tradição religiosa, mas aspiram a uma abertura espiritual e a uma referência ao sagrado em seus últimos instantes, existe, portanto, um grande vazio. Com efeito, o espaço do sagrado que outrora era ocupado por esses rituais religiosos encontra-se, de alguma forma, abandonado. O objeto de nossa reflexão e comprometimento consiste, realmente, em tentar uma reapropriação desse espaço pelos seres humanos que somos, a fim de que o sagrado se viva verdadeiramente no âmago da relação, no âmago de nossa humanidade. Tentei mostrar como o acompanhamento dos moribundos é, realmente, um rito sagrado, um rito de oblação, e como os profissionais da saúde e os voluntários procuram introduzir essa dimensão no cotidiano dos tratamentos médicos. Mas não é fácil ocupar esse espaço. Há uma hesitação em fazer apelo a rituais religiosos, a palavras, a gestos (evocamos a palavra de perdão ou o gesto de bênção) que muitas vezes são como que esvaziados de seu sentido. Eis a razão pela qual pareceu-nos tão importante reencontrar o sentido das palavras, dos gestos e voltar à etimologia, ao sentido primeiro. Fiquei muitas vezes impressionada com a pobreza ritual por ocasião de enterros ou incinerações laicas. Não se diz uma só palavra a respeito da pessoa, nem uma simples palavra que dê testemunho de seu caminho de vida, nem um cântico, nem uma oração.

Jean-Yves Leloup – Louis-Vincent Thomas afirmava: "O homem define-se como o animal que pratica ritos funerários". Essa definição antropológica lembra-nos não só que o homem é o único animal que sabe que vai morrer e tenta conferir um sentido tanto ao seu sofrimento quanto à sua morte, mas é também uma boa maneira de colocar o rito em seu lugar: o rito é criado para conferir um sentido ao que nos acontece, um sentido tanto à nossa própria morte, como à morte do outro. O rito é próprio do humano. Sua ausência é uma ausência de humanidade. Assim, a expressão "morrer como um cão" adquire todo o seu sentido quando, nos últimos instantes de um ser humano ou no seu funeral, faltam os gestos, as palavras que tentam conferir um sentido.

M. de H. – Parece-me que diante dessa pobreza ritual poderíamos reinventar ritos para o luto, assim como ritos para entrarmos vivos na nossa morte. Em vez de rejeitar os antigos rituais religiosos, não deveríamos revisitá-los a fim de inspirar-nos neles?

J.-Y.L. – Na tradição ortodoxa, a morte é chamada "dormição". Essa tradição inscreve-se na tradição bíblica onde se faz menção aos patriarcas que "entram no Repouso".

A palavra *Requiem* indica perfeitamente essa dimensão do homem que, repleto de dias, entra em seu Repouso. Acompanhar alguém em seus últimos instantes, é ajudá-lo a entrar no "Repouso".

O ritual da dormição[30] poderia, realmente, inspirar a abordagem contemporânea do acompanhamento. De que se trata?

A dormição vai permitir que a pessoa adormeça inebriada de "Sentido", um Sentido que lhe dará a possibilidade de abrir a porta de seu corpo mortal para ter acesso ao jardim da alma...

O papel do acompanhante consiste em ajudar o outro a abrir essa porta, essa janela, para o desconhecido que vem ao seu encontro ou para o qual ele se dirige. Nesse ritual ortodoxo absolutamente tradicional, que é celebrado desde os primeiros séculos do cristianismo, podemos observar sete etapas. De um simples ponto de vista humano, encontramos aí uma confirmação de nossa humanidade, animada, habitada; o habitante limita-se a abandonar sua morada transitória, sua "tenda". Com efeito, quando no prólogo de São João ouvimos: "O Verbo se fez carne", o estudo e a tradução do texto grego nos instruem melhor uma vez que ele diz: "Ele montou sua tenda entre nós..."[31].

Portanto, nosso corpo é uma tenda na qual uma Palavra, uma Informação, habita e instala sua morada. Desde então, como acompanhar a pessoa que instalou sua morada em uma tenda; essa tenda que terá de ser abandonada, e realmente abandonada, às vezes, com nostalgia ou sofrimento, mas sem remorsos ou arrependimentos, para dar um "passo a mais"?...

– *Será que é possível dizer-nos quais são essas sete etapas e explicar-nos suas principais características?*

---

30. Tal como é exposto por Jean-Yves Leloup, o ritual da dormição é uma tentativa para fazer a síntese dos diferentes rituais conhecidos e praticados nos mosteiros russos, gregos, egípcios, romenos e franceses do mundo ortodoxo. Encontraremos aí alguns aspectos do ritual romano chamado "sacramento dos enfermos", outrora "extrema-unção". Esse ritual pertence à Igreja indivisa, aquém e além das divisões que dilaceraram o cristianismo no II milênio e encontra-se disponível no *Institut pour la rencontre et l'étude des civilisations*, na França (Fax: 04 94 30 10 32).

31. "O *logos sarx egeneto kai eskenosen en emin*"; Cf. LELOUP, Jean-Yves. *L'Évangile de Jean, traduction et commentaires*. Paris: Albin Michel, 1989 [Lançado pela Vozes na Coleção Unipaz (N.T.)].

J.-Y.L. – A primeira é a da Compaixão; a segunda é a Invocação ou Evocação; a terceira (que consiste em um gesto) é a da Unção de óleo; a quarta é a da Escuta que em sua qualidade permitirá à pessoa confessar-se e expressar todos os não ditos de sua existência. Em seguida, essa confissão poderá, então, encontrar a quinta etapa que é a do Perdão. Trata-se de uma palavra de bênção, uma palavra de "autorização" para partir: "Vai em paz". E, para transpor em paz essa última parte do caminho, temos necessidade de comunhão, de alimentos para a passagem. A sexta etapa será, então, o momento da Comunhão e terminamos pela sétima que é a Contemplação.

Vamos retomar, de forma mais detalhada, cada uma dessas etapas. Portanto, a primeira atitude é a COMPAIXÃO ou "disposição do espírito e do coração".

Seja antes de entrar no quarto do doente ou na presença deste, o acompanhante deveria ter tempo para uma certa abertura do coração e da inteligência à presença do outro; à presença do outro como desconhecido, uma vez que com a morte estamos justamente na presença do desconhecido. Nos últimos instantes, o acompanhante não acompanha o moribundo com seu pequeno ego, isto é, com suas pequenas emoções e reações, mas deve fazê-lo com o que se chama o Self: o que dentro de nós é mais inteligente, mais amante do que nós, o que dentro de nós possui uma espécie de conivência com o desconhecido, esse "algo" de muito silencioso. Trata-se de uma abertura do coração que tornará a pessoa capaz de escutar sem angústia as angústias do outro.

E depois, na sequência dessa preparação interior, dessa "qualidade" que se encontra para além de nossas competências, pode chegar o momento da Invocação ou da Evocação.

Trata-se da INVOCAÇÃO de um Nome. Na tradição judeu-cristã, o Nome é uma energia, uma presença. Podemos assim convocar sobre alguém o Nome da presença que na sua tradição ter-lhe-á sido familiar (isso pressupõe, é claro, um conhecimento prévio da pessoa acompanhada) e até mesmo visualizá-la. Nas práticas tibetanas aconselha-se a visualizar por cima da cabeça do moribundo esta ou aquela divindade; por sua vez, na tradição cristã será a presença do Cristo, da Virgem Maria ou de um santo; de fato, trata-se de invocar a presença de um arquétipo de plenitude e de paz.

Uma imagem é realmente uma presença e evocar ou invocar essa presença introduz certa qualidade de energia; isso sente-se até mesmo no quarto.

Além disso, pelo fato de que essa qualidade de energia toma o lugar de nossas pequenas angústias, de nossas projeções etc., a pessoa que vai partir será como que envolvida por ela. Seja qual for a tradição, a invocação permanece muito importante porque tornamo-nos o que amamos, assim como tornamo-nos o que invocamos. Em tal momento, evocar uma pessoa (ou uma qualidade) leva-nos, portanto, a tornar-nos essa pessoa ou essa qualidade para aquela ou aquele que sofre e está morrendo.

Nesse caso, pode operar-se uma "transfusão de serenidade".

Após a compaixão (a abertura do coração) e a invocação vem o gesto da UNÇÃO.

Esse gesto faz parte de nossa dimensão maternal. A pessoa é tocada com um óleo previamente consagrado, símbolo do espírito, da luz e também da flexibilidade. Uma unção de óleo é o que torna o corpo flexível e aberto a esse Sopro novo que inspirará o moribundo para outra dimensão. Sempre acompanhada por uma palavra, essa unção será efetuada sobre cada uma das partes do corpo que, já no momento do batismo, foram marcadas com o sinal da cruz.

Este traduz a abertura de uma pessoa em todas as suas dimensões: altura, profundidade, largura, espessura. Fazer esse sinal sobre uma parte do corpo é voltar a abrir um espaço que porventura estava fechado pelo temor, pelo medo; é voltar a abrir as portas da percepção, do corpo, do templo... De novo: ajudar a abrir a porta para o jardim, para a Presença. Isso passará pela testa, pelos ouvidos, pelo pescoço, pelo coração, pelo ventre, pelos joelhos, pelos pés...

O objetivo é invocar a presença do Vivo, a presença do Sopro, sobre todas as partes do corpo que são centros vitais, a fim de que esse corpo seja verdadeiramente considerado não como um cadáver ou um túmulo, mas como o templo onde reside o Espírito e a Presença que o habita. A unção é uma função completamente maternal passando pelo gesto, pelo tato. Esse gesto que envolve, respeita e ama tem normalmente como objetivo descontrair a pessoa, descontraí-la fisicamente.

Descontraída, dessa forma, ela poderá confiar-se.

Chegamos, assim, à etapa chamada a ESCUTA.

Depois de ter sido confirmado em sua qualidade de templo do Espírito; depois de lhe ter sido permitido não se identificar só com seus sintomas, o doente poderá, finalmente, falar-me. Pode haver da parte do acompanhante – e na medida em que suscite um clima de escuta capaz de ouvir tudo –, um convite para que o moribundo se exprima tal como é antes da partida (evidentemente quando este não está em coma). Nesse caso, é muito importante estar na postura do Self porque o ego não tem condições de ouvir tudo. O ego está presente com a sua religião, seus medos, seus temores e seus juízos, quando agora trata-se de permitir que o outro se confesse no que é e de estar pronto para ouvir palavras, às vezes, "inconfessáveis", e isso sem julgamento!

A etapa da escuta é capital e sendo desejável que possa ser seguida por um silêncio vivido em conjunto é igualmente importante que ela receba uma "resposta", uma verdadeira palavra porque em tal caso o silêncio não basta. O acompanhante pode ter a ousadia de transmitir uma palavra de bênção, de perdão.

– O que significa exatamente "bênção"? Em seu entender, será que uma palavra de bênção pode ser pronunciada facilmente?

J.-Y.L. – A palavra BÊNÇÃO, *benedicere*, significa dizer bem, dizer palavras boas. Da mesma forma que se pode dizer mal (alguns diagnósticos são maldições, maldizeres), aí trata-se de um dizer bem, de um bendizer. Essa palavra é ao mesmo tempo uma palavra de perdão, de confirmação afetiva (para retomar uma linguagem moderna) e uma palavra libertadora a qual já tem sido evocada várias vezes: "Se teu coração te condena, Deus é maior do que teu coração".

Na linguagem do budismo ou do hinduísmo diríamos: "Embora a tua consciência evoque teus atos passados, não te identifiques com eles...". Nas práticas tanto do hinduísmo como do budismo, serão citadas palavras de divindades que afirmam: "Vai mais longe, tu não és a consequência nefasta de teus atos. Não é o momento de fazeres contas, és maior do que aquilo que sabes a teu respeito". Não confinamos o outro na consciência que tem de si mesmo. Eis o que eu chamo uma palavra de bênção ou palavra de perdão.

Para que essa palavra não seja a do nosso pequeno ego, mas a do Terceiro, vamos em geral procurá-la em um poeta ou em um texto sagrado, algumas vezes, acompanhada por música. Nesses momentos, devemos também fazer apelo à nossa dimensão profética que, como já indicamos, não é reservada a seres excepcionais.

Junto de um moribundo, todos nós podemos ser, de repente, inspirados por uma palavra da qual nem sabemos a origem... Ela não emana do que aprendemos, da educação que tivemos, nem mesmo do que, porventura, lemos, mas sentimos que é adequada, isto é, ajustada à situação.

Em seguida, chegamos à sexta etapa desta caminhada que é a COMUNHÃO ou Eucaristia.

Se o acompanhante é padre, poderá ser o momento da celebração eucarística: compartilhar o pão e o vinho. Sem entrar em detalhes, lembremo-nos que na tradição cristã a comunhão do pão e do corpo do Cristo significa a "ação" do Cristo: a "práxis". Enquanto o vinho simboliza o sangue e a "contemplação" do Cristo.

No ritual da dormição, acontece muitas vezes que a pessoa (por razões físicas) não pode receber o pão, mas de um certo ponto de vista é perfeitamente razoável porque, afinal de contas, ela já não se encontra na ação, mas na contemplação. Portanto, haverá uma insistência maior na consagração do vinho. Colocar simplesmente uma gota de vinho nos lábios ou na língua do doente para convidá-lo a contemplar a Origem que o Próprio Cristo viveu e que Ele chama Seu Pai. A Eucaristia é essa fração do pão e essa partilha do vinho comunicadas pelo Cristo e transmitidas de geração em geração. Esse sacramento utiliza os gêneros alimentícios de nossa vida cotidiana a fim de simbolizar a ação e a contemplação do Cristo, sua Vida na qual nos é dado participar.

No entanto, mesmo se não somos padres (validamente ordenados em uma instituição eclesiástica), não devemos privar-nos desse ritual de comunhão. Poderá, então, tratar-se de um simples copo de vinho, com uma certa maneira de oferecê-lo e brindar.

Eis pequenas coisas muito simples porque o mais sagrado é, muitas vezes, o mais simples. O absolutamente simples já não tem limites, e simples quer dizer exatamente "sem dobras".

Se Deus é incognoscível é por ser infinitamente simples, ou seja, não tem nele dobras a que possamos agarrar-nos.

Agora entramos na última etapa do ritual da dormição que é a da CONTEMPLAÇÃO, contemplação silenciosa. Juntos, acompanhante e acompanhado, o moribundo e o que vai permanecer (aliás, não sabemos para qual deles a provação será mais dolorosa ou mais fácil...), estão na presença do Mistério.

Etimologicamente, a palavra "mistério" vem do grego *mystes* que dará a palavra "mudo". Os termos místico, mistério e mudo são oriundos da mesma raiz. Permanecemos mudos, juntos, diante do que nos acontece. A porta está aberta para o jardim, mas ainda falta dizer "Vai... Vai... Eu fico aqui, mas contemplo a claridade através da janela; claridade que, por enquanto, só posso imaginar, mas tu já a vês. Todavia, estamos na mesma luz...".

Alguns momentos de contemplação são, às vezes, de uma profundidade inaudita, e o acompanhante vive, então, uma experiência realmente mística. É como se o moribundo o presenteasse com o que existe para além do "limiar". Chega mesmo a ser verdade que, em certos casos, achamos difícil recompor-nos porque temos a impressão de que colocamos um pé no outro mundo, o qual é a profundidade deste mundo, assim como a eternidade é a dimensão incriada eterna de nossa vida mortal.

Esta sétima etapa é capital. Para levar a uma conclusão no espaço-tempo, pode haver um cântico ou uma música. Na tradição ortodoxa, o cântico e a música têm uma grande importância. Além disso, sabemos que o órgão da audição é o sentido que ainda permanece desperto quando os outros já não funcionam.

Todavia, devemos estabelecer a diferença entre um cântico religioso e um cântico sagrado. Alguns cânticos religiosos são apenas "psíquicos", podem fazer bem, são agradáveis, mas... não nos despertam para uma outra dimensão. A função de um cântico sagrado é, verdadeiramente, a de fazer-nos passar para uma nova faixa de onda, uma faixa de onda mais íntima. Nesse momento, o acompanhante torna-se um verdadeiro passador.

Assim, termina o ritual da dormição na tradição ortodoxa. Sete etapas que são como que sete dons do Espírito Santo, sete maneiras de respirar junto de alguém. De respirar com o coração, a mão, a palavra, a comunhão e o silêncio. Dois suspiros na imensa respiração do universo.

Sete dons do Sopro, do *Pneuma*, que nos são comunicados como viáticos; que hão de conferir sentido à nossa morte, transformando-a não em uma morte de cão, na interrupção de uma mecânica que deixa de funcionar, mas em uma morte verdadeiramente humana.

O momento da morte é o mais elevado momento da vida, aquele em que esta alcança sua mais elevada intensidade. O essencial é o "morrer vivo", não privar ninguém dessa ocasião de viver intensamente tal passagem.

– *Será que no cotidiano do acompanhamento dos moribundos – inclusive, no quadro clínico onde eles se encontram – podemos inspirar-nos também nas etapas da dormição?*

M. de H. – Sim, com certeza, a partir do momento em que se admite que o sagrado vive-se no âmago do humano. O que me interessa é justamente o seguinte: Como podemos reconhecer, no cotidiano dos tratamentos ou do acompanhamento, essa dimensão sagrada do ser humano?

Ao escutar a descrição desse ritual ortodoxo, damo-nos conta de que, efetivamente, ele corresponde a atitudes próprias ao acompanhamento. Em si mesmo este é um rito e nele reencontramos todos os componentes do ritual da dormição.

Em particular, fiquei impressionada com a importância atribuída ao som, à vibração. Propor a escuta de uma música sacra é uma coisa que todo o mundo pode fazer; com efeito, tal música é uma música que fala ao coração da pessoa e permite-lhe ficar em um estado de receptividade, de abertura. Seja qual for a música escolhida, o importante é encontrar uma música que inspire a pessoa.

É possível, igualmente, que o acompanhante faça a proposta de escutar música junto com o moribundo. Lembro-me de ter escutado o *Requiem* de Gabriel Fauré em companhia de uma mulher ainda jovem quase inteiramente paralisada: foi verdadeiramente um momento sagrado, um momento de comunhão, lado a lado, unidas nessa escuta.

O ritual da dormição abre-se para a entrada na compaixão. Lembro-me de uma confidência feita por uma auxiliar de enfermagem: "Sempre que entro no quarto de um doente e fico perto dele, digo para mim mesma: 'Ele poderia ser meu pai, minha mãe ou meu irmão'. Isso ajuda a abrir-me para a pessoa, para acolhê-la em seu sofrimento". Eis um maravilhoso exemplo de um ritual pessoal de compaixão!

Em seguida, vem a invocação. Uma forma de nomear e fazer apelo a esse Completamente Outro, a essa transcendência tão presente sempre que temos de enfrentar o que nos escapa. Um número muito maior de pessoas do que se pode imaginar recorrem à invocação, mesmo se falam pouco no assunto por causa de um certo pudor (sobretudo dentro das instituições) em compartilhar com os outros essa dimensão íntima, essa dimensão do real presente em todas as coisas.

No decorrer dos anos, apercebi-me de que um grande número de pessoas rezam e "invocam". Isso pode ir da invocação do Cristo, da Virgem Maria, de um anjo, de um santo, de um guia interior, até à invocação de um sábio. Como se, espontaneamente, o ser sentisse que deveria reenviar esse sofrimento para uma dimensão que o supera. Como foi tão bem-dito por Jean-Yves Leloup, não podemos ficar aí, sozinhos com nossos pequenos meios pessoais. Existe como que um apelo à vida, ao Vivo, ao Sopro.

Reencontramos tal atitude em todas as tradições, assim como nas pessoas que, embora não tendo referências tradicionais ou religiosas, possuem a noção de um guia interior ou de um anjo da guarda. É interessante observar que algumas pessoas podem não ter religião ou crença religiosa e, no entanto, possuem a presciência de uma proteção invisível. A imagem do anjo é muito mais difundida do que se imagina, mas tal invocação pode ser simplesmente a de uma pessoa de família já falecida: a avó, o pai, a mãe etc.

Por outro lado, nesse ritual da dormição, o sentido da unção consiste em santificar o corpo, lembrar-lhe sua vocação de templo, templo do espírito. Podemos viver o sentido dessa unção no cotidiano dos tratamentos médicos. Sempre que fazemos a higiene pessoal do doente ou um tratamento, sempre que uma dor ou tensão exigem a mão presente, apaziguadora, nesse caso, a delicadeza, o respeito, a ternura com que agimos têm o mesmo valor do óleo consagrado de um ritual religioso. E, às vezes, até mesmo, desejaríamos que os gestos rituais do sacramento dos enfermos possuíssem essa qualidade de contato que é possível observar em algumas auxiliares de enfermagem quando fazem massagens nesta ou naquela parte de um corpo dolorido! Uma vez mais, trata-se da consciência com que tocamos no corpo do outro; é exatamente aí que reside a dimensão sagrada.

Uma enfermeira do serviço noturno dizia-me que, ao desejar boa-noite aos doentes, colocava um trecho de música sacra e fazia-lhes uma massagem no rosto, impregnando as mãos com todo o respeito e todo o amor de que era capaz. Isso durava cinco minutos... e depois, antes de deixar cada doente, fazia um gesto de bênção em sua testa, como era feito por algumas de nossas avós. Ela dizia que, então, os doentes adormeciam com mais serenidade, sem tranquilizantes. Essa enfermeira praticava um ritual pessoal de adormecimento, como todos os pequenos ritos profanos que praticam as mães no momento em que vão deitar os filhos. Todavia, em virtude da consciência que ela colocava em seus gestos, esse rito assumia uma dimensão sagrada.

Quanto à escuta, ela é verdadeiramente uma atitude fundamental do acompanhamento. Aliás, estaríamos enganados em pensar que existe "um tempo para a escuta"... É, mais exatamente, uma atitude de disponibilidade que, muitas vezes, traduz-se pelo fato de ficarmos simplesmente sentados ao lado do doente, sem expectativa particular, sem "fazer" absolutamente nada, mas em um estar-aí aberto que mostra ao outro que existe espaço e tempo para o que, porventura, ele estiver com vontade de confiar-nos.

E se alguém é levado a falar-nos e confiar-nos algo de bastante penoso, a palavra de perdão pode, igualmente, ser pronunciada: "Se teu coração te condena, Deus é maior do que teu coração".

Agora, passemos à etapa da comunhão. No sacramento dos enfermos, ela vem coroar o rito. Representa o momento em que o cristão une-se ao que encarna para ele a transcendência, o Cristo, o momento em que a alma recebe seu alimento e sua força.

São, incontestavelmente, momentos muito fortes no acompanhamento. Mas o que se passa com todos os doentes que não estão ligados à tradição cristã ou dela se afastaram? Será que a dimensão da comunhão, da partilha em torno de uma fé, nem que fosse humanista, é-lhes interditada?

Compartilho o pensamento de Jean-Yves Leloup quando ele abre o sentido da comunhão a qualquer partilha feita com um espírito de amor e com uma consciência do vínculo que une cada um e o liga a uma dimensão que o supera. Lembro-me de algumas trocas de olhares, no momento de compartilhar uma taça de champanha ou até mesmo um cigarro, que transformavam o que é vivido, frequentemente, como um momento de consumo, em um momento de comunhão, um momento sagrado.

Quando uma equipe inteira está reunida em volta da cama de um moribundo e compartilha com ele uma garrafa de bom vinho, quando, nessa ocasião, aquele que sente a proximidade da morte exprime uma palavra vinda do coração, uma palavra de reconhecimento, uma bênção, existe nessa homenagem prestada às qualidades profundamente humanas dos profissionais da saúde, aos valores que sustentam sua ação, uma verdadeira comunhão no que transcende o humano. Esses momentos revestem-se também de um caráter sagrado.

– *A última etapa da dormição é a contemplação. Em seu entender será que em um contexto hospitalar podemos inspirar-nos nela? E de que modo?*

M. de H. – Tanto a tradição cristã como a tradição budista colocam a ênfase no clima de silêncio e de paz que, idealmente, deveria acompanhar os últimos instantes da vida.

Muitas vezes, o hospital não oferece as condições que favorecem essa atmosfera de "contemplação". Sabe-se que reina aí o ativismo, a agitação, o ruído. É necessária uma verdadeira vontade das equipes para que esse clima de paz possa ser instaurado. Algumas são bem-sucedidas, em particular, nas estruturas de tratamentos paliativos: os tratamentos são limitados ao estrito necessário; é levada em consideração a necessidade de silêncio no quarto; os profissionais da saúde entram nele sem fazer ruído, respeitam o repouso dos doentes e o desgosto dos familiares. Às vezes, se tal desejo foi expresso pelo moribundo, pode-se contribuir concretamente para criar determinada atmosfera, colocar um disco de música sacra ou, então, acender uma vela.

Não é raro que os profissionais da saúde e os voluntários venham sentar-se uns momentos em silêncio, oferecer um pouco de presença, viver uns instantes de contemplação. São momentos de paz compartilhada, dos quais saímos, em geral, revigorados. Mas, para compreender isso, é necessário tê-lo vivido!

Conclusão

Partimos de uma constatação: nosso mundo denega a morte e, assim, priva-se de uma reflexão e de uma meditação sobre a questão do sentido e do sagrado. Alguns momentos da vida, em particular, as crises, os lutos, levam-nos a enfrentar essas questões essenciais. A abordagem da morte, sobretudo, desperta em cada um de nós o que qualificamos de "sofrimento espiritual", sofrimento diante da ausência de sentido ou, simplesmente, diante da impossibilidade de compartilhar com outros nossas interrogações íntimas. Esse espaço do sagrado, do sentido, da relação do homem com o que o supera, organizado, outrora, pelas tradições religiosas, aparece para muitos, atualmente, como um espaço a descobrir, a reabitar. Mas como fazê-lo? Como havemos de conferir sentido ao ato de morrer quando as palavras, os gestos, os ritos nos quais outrora as pessoas encontravam apoio, estão como que esvaziados de sentido? Diante da morte e das questões que ela não deixa de suscitar entre aqueles que sentem sua proximidade, não estaremos quase sempre desarmados e profundamente angustiados?

Partindo de nossa experiência do cotidiano do acompanhamento de moribundos, testemunhas desse vazio espiritual, testemunhas do sofrimento que este engendra, tanto no moribundo como nos que estão em seu redor, tentamos interrogar a sabedoria das tradições. Não se trata de incitar a fazer um retrocesso, mas convidar o leitor a servir-se delas como inspiração e dar esse "passo a mais" que não nos cansamos de evocar. Com efeito, pensamos que não é possível voltar atrás. O homem é feito para seguir em frente e explorar novas vias.

No entanto, não deixa de ser verdade que as respostas elaboradas pelas tradições emanam de intuições profundas que continuam a agir dentro do homem. Eis a razão pela qual desejamos lembrar o pensamento e as crenças dos que nos precederam. Não para confinar-nos em seus moldes, mas para encontrar o que neles existe de vivo. Para incitar a inventar, a criar algo de novo. Nosso desejo é convidar os leitores – e mais precisamente aqueles que, por sua vida ou profissão, estão em contato com o sofrimento e a morte – para essa criação de sentido, para essa criatividade espiritual no cotidiano dos tratamentos médicos. Para que deixemos a esclerose repetitiva das respostas preconcebidas e dos ritos esvaziados de seu conteúdo. E ousemos inspirar-nos na riqueza e na profundidade de nossa natureza humana para tornarmo-nos plenamente humanos e restituirmos à nossa humanidade sua verdadeira dimensão.

O desafio dos tempos vindouros, talvez, consista justamente em criar – no âmago de um mundo laico e que pretende permanecer como tal –, um humanismo aberto em que a transcendência e o sagrado encontrem seu lugar no âmago da pessoa, no âmago do humano.

REFERÊNCIAS

Ars moriendi (1492), adaptação de Pierre Gérard Augry. [s.l.]: Dervy Livres, 1986.

Bardo Thodol, apresentado por Laura Anagarika Govinda. Paris: Albin Michel, 1981.

KÜBLER-ROSS, E. *Les Derniers instants de la vie*. [s.l.]: Labor et Fides, 1996.

MOODY, R. *La Vie après la vie*. Paris: Robert Laffont, 1977.

VELDMAN, F. *L'Haptonomie, science de l'affectivité*. Paris: PUF, 1995.

ZUNDEL, M. *À l'écoute du silence*. [s.l.]: Téqui, 1979.

Coleção Unipaz – Colégio Internacional dos Terapeutas

- *Cuidar do Ser*
- *Caminhos da realização*
- *Terapeutas do deserto*
- *O Evangelho de Tomé*
- *O corpo e seus símbolos*
- *O Evangelho de Maria*
- *A arte de morrer*
- *O Evangelho de João*
- *Carência e plenitude*
- *Sinais de esperança*
- *Além da luz e da sombra*
- *A montanha no oceano*
- *Uma arte de amar para os nossos tempos*
- *Enraizamento e abertura*
- *Apocalipse*
- *Viver com sentido*
- *Escritos sobre o hesicasmo*
- *Introdução aos "verdadeiros filósofos"*
- *Livro das bem-aventuranças e do Pai-nosso*
- *Rumo ao infinito*
- *Entre meditação e psicoterapia*
- *O Evangelho de Felipe*
- *O essencial no amor*
- *Judas e Jesus: duas faces de uma única revelação*
- *Jesus e Maria Madalena: para os puros, tudo é puro*
- *Uma arte de cuidar: estilo alexandrino*
- *Pedagogia iniciática: uma escola de liderança*
- *O homem holístico: a unidade mente-natureza*
- *Os caminhos para a saúde – Integração mente e corpo*
- *Normose – A patologia da normalidade*
- *Dimensões do cuidar – Uma visão integral*
- *A revolução da consciência – Novas descobertas sobre a mente no século XXI*